●**注意**

(1) 本書は著者が独自に法令等を確認し、執筆したものです。

(2) 本書は内容について万全を期して作成いたしましたが、万一、ご不審な点や誤り、記載漏れなどお気付きの点がありましたら、出版元まで書面にてご連絡ください。

(3) 本書の内容に関して実行した結果の影響については、上記 (2) 項にかかわらず責任を負いかねます。あらかじめご了承ください。

(4) 本書の全部または一部について、出版元から文書による承諾を得ずに複製することは禁じられています。

(5) 商標
本書に記載されている会社名、商品名などは一般に各社の商標または登録商標です。

(6) 本書は 2024 年 8 月 19 日現在の法令等に基づき執筆しております。

はじめに

　少子高齢化ということばを長年耳にしているものの、効果的な打開策が打たれないままに現在に至っています。これに加え、人口減少が進み、労働力不足が大きな課題として捉えられているところです。そして、潜在的な労働力である女性の労働力が注目されたこともあり、仕事と育児の両立を支援する施策（制度）は、急速に整えられてきました。

　仕事と育児の両立を支援する制度は、時間の経過とともに、充実してきたものの、制度の内容が必ずしも働く人にとってわかりやすいものだとは言えません。会社にとっても複雑な制度を理解し、従業員に説明することが難しい状況があります。

　本書は複雑化する仕事と育児の両立を支援する制度について、働く人の目線を意識しつつ、解説しました。その根底には、「仕事と育児の両立をあきらめないために」、そして、「仕事におけるキャリアをあきらめることのないように」という気持ちがあります。

　まずは制度を知ることが重要という判断から、わかりやすさを重視して書きました。内容に不足していることもあれば、勤めている会社に確認しないと正確なことが判断できない内容もあるかと思います。しかし、本書を手に取った方が、まずは制度を知り、利用を考え、適切に利用することで、少しでも仕事と育児の両立ができるようになると信じています。

2024年9月

社会保険労務士法人　名南経営
特定社会保険労務士　宮武貴美

図解ポケット
産休・育休制度の基本と仕組み

はじめに ……………………………………………………………………… 3

1 妊娠中の対応

1-1　妊娠をしたら会社にどのような報告が必要？ ………………………… 10

1-2　妊娠したので、立ちっぱなしの業務が負担になっている ………… 12

1-3　毎日残業続きで、身体への負担が大きい ……………………………… 14

1-4　土曜日（会社の休日）は病院が混雑するので
　　　平日（勤務日）に通院したい ………………………………………… 16

1-5　病院から通勤ラッシュの満員電車には乗らないように言われた … 19

1-6　病院からの指導内容をうまく会社に伝えられない ………………… 22

2 働く上で出産前後に利用できる制度

2-1　妊娠したらいつから産休を取れるのか
　　　（出産のために休める期間とは） …………………………………… 26

2-2　産休中に有休を取れるのか ……………………………………………… 28

2-3　働きながら母乳育児を続けることができるか？ …………………… 30

3 産休中にもらえるお金など

3-1　産休中にもらえるお金とは？ ………………………………………… 34

3-2　出産手当金はどのように手続きするのか …………………………… 36

3-3　出産手当金として支払われる額 ……………………………………… 39

3-4　妊娠中に転職したときの出産手当金はどうなる？ ………………… 41

3-5　出産に対して健康保険から支払われるお金 ………………………… 44

3-6　出産育児一時金の受け取り方は？
　　　出産費用の直接支払制度とは？ ……………………………………… 46

3-7	子どもが脳性まひとなったときの補償	48
コラム	出産する施設が探せる「出産なび」	49
3-8	産休中は社会保険料を支払わなくてもよい	50
3-9	産休中の免除対象となる保険料は？	52
3-10	子どもを自分の扶養に入れたい	54
3-11	産休復帰後の社会保険料の負担が大きいときは？	56

4 育児休業の取得

4-1	育児休業とはどのような休業か	60
コラム	時折目にする「養育」ってどういう意味？	61
4-2	育児休業を取ることができる期間	62
コラム	出産予定日に子どもが生まれていないときは？	63
4-3	子どもが1歳2ヶ月になるまで取れる育休とは？	64
4-4	育児休業はアルバイトでも取ることができるのか	66
4-5	育児休業を取るかをいつ決める？	68
4-6	子どもが1歳のときに保育園に預けられなかったときは？	71
4-7	子どもが1歳6ヶ月のときにも保育園に預けられなかったときは？	73
4-8	育休中に会社から少しだけ仕事を手伝ってほしいと連絡があった	76
4-9	育休中に近くのコンビニでアルバイトをしたい	78

5 育児休業に関わるお金の制度

5-1	育児休業中にもらえるお金とは	80
5-2	育児休業中にもらえるお金の額	82
5-3	育児休業給付に上乗せしてもらえるお金（2025年4月1日から）	84
5-4	育児休業中の社会保険料は支払わなくてもよい	86

5

コラム	会社の休みに育休を取るってあり？	89
5-5	育児休業復帰後の社会保険料の負担が大きいときは？	90
5-6	育児休業を延長したら給付金はどうなる？	92
5-7	育休中に退職すると育児休業給付金はどうなる？	95
5-8	育児休業を延長したあとも社会保険料は免除になるか？	97
5-9	会社に3歳までの育児制度がある場合の社会保険料の免除	98
コラム	育休の延長中に保育園に預けられることになったら？	100

CHAPTER 6 仕事と育児の両立のための制度

6-1	仕事と育児の両立支援制度にはどのようなものがあるか	102
6-2	子どもの保育園の送迎などのために短時間勤務にしたい	104
6-3	短時間勤務にしたときの給与はどうなる？	106
6-4	育児をしながらもフルタイムで働きたい （2025年10月1日から）	108
6-5	子どものケガや病気の看病のために休みをとりたい	110
6-6	子どもの病気の看病に有休は使えるの？	112
6-7	子どもの発熱で急きょ休みたい	114
6-8	小学校の入学式に参加するために休みたい （2025年4月1日から）	116
6-9	子どもの保育園の送迎などのために残業するのは難しい	118
コラム	36協定ってなに？	120
6-10	多少残業は可能だが長時間の残業は難しい	121
6-11	深夜は子どものそばで面倒をみていたい	123

CHAPTER 7 仕事と育児の両立に関わるお金の制度

7-1	子どもが2歳未満の時短勤務者に支払われるお金とは？ （2025年4月1日から）	126
7-2	育児のために仕事を減らしたら将来の年金額に影響するの？	128

| コラム | 標準報酬月額って？ | 131 |

7-3 子育て中に転職したときには年金額計算の特例は使える？ ……… 132

7-4 年金額計算の特例に必要な書類（2025年1月1日から）……… 134

CHAPTER 8 ハラスメントなどへの対応

8-1 妊娠・出産・育児に対するハラスメント ……………………… 138

8-2 会社からパート契約に変更するよう言われた ………………… 140

付録 産前休業・育児休業開始日 早見表 ……………………………… 144

索引 ……………………………………………………………………… 148

MEMO

CHAPTER 1

妊娠中の対応

　産前産後休業や育児休業を取るときは、取る前に会社への報告や申出などが必要になります。また、妊娠中には業務の負担を減らしたり、通院時間を確保したりする必要も出てきます。本章では妊娠中に必要となる対応について解説します。

妊娠をしたら会社にどのような報告が必要？

　妊娠すると体調が大きく変化しやすくなります。妊娠がわかったときには、会社に早めに報告することが必要です。出産予定日や、妊娠後も働き続けるか、働き続けるときには、産休や育休を取るのかといったことを報告するとよいでしょう。

1 妊娠がわかったときの会社への報告

　長い職業生活の中、プライベートで様々なできごとがあります。妊娠や出産もその1つであり、妊娠中や出産後も働き続けられるように、出産前後の休業である**産前産後休業（産休）**や**育児休業（育休）**の制度が整備されています。妊娠がわかったときには、体調不良や万が一に備えて、早めに会社へ報告することが求められます。

　安定期に入るまでは流産するリスクも高いことから、なるべく、職場の人に知られたくないと思うこともあるでしょう。そのようなときは、上司や信頼できる同僚など、一部の人だけでもよいので早めに報告するようにします。職場の人に伝えてもよい時期も知らせておくことで、報告された上司や同僚は安心します。主に以下のことを報告しておくとよいでしょう。

- ・妊娠したこと
- ・出産予定日
- ・妊娠したことで配慮してもらいたいこと
- ・職場の同僚への報告タイミング
- ・（決まっていれば）産休・育休を取る予定

2 配偶者が妊娠したときの会社への報告

　男性の場合、配偶者が妊娠したときに会社へ報告するかを迷うかもしれません。女性のように仕事内容への配慮を求めたり、産休を取ったりすることはありませんが、配偶者の通院に付き添ったり、配偶者が体調不良のときに急に会社を休んだりすることもあります。また、配偶者の出産後に育休を取ることもあるかもしれません。早めに上司に、配偶者が妊娠していることと、出産時期について報告をしておくと、その後の対応がスムースになります。

　男性に法律上の産休はありませんが、会社独自に配偶者の出産時の休暇が設けられていることもあります。配偶者が出産するときには立ち会うことや、入退院に付き添うこともあるため、このような予定も想定しておきましょう。

配偶者の出産休暇などは、通常、就業規則に記載されています。

妊娠したので、立ちっぱなしの業務が負担になっている

妊娠したことにともない、妊娠前にしていた業務を続けることが心身への負担となることがあります。そのようなときは、妊娠前の業務が負担になっているため、他の負担の少ない業務に変えてもらうように、会社に相談（請求）するとよいでしょう。

1 妊娠中の業務の軽減

妊娠中は、身体の変化により様々な症状が出やすく、母親になることの期待や不安で精神的に不安定になることもあります。また、徐々におなかにふくらみが出てくることで、立ったままの業務や前かがみになる業務をはじめとして、妊娠前にしていた業務が心身の大きな負担となることがあります。

法令では、妊娠中の従業員が相談（請求）した場合には、「他の**軽易な業務**に転換させなければならない」となっているので、妊娠前にしていた業務を続けることが難しいようであれば、会社にその旨を伝える必要があります。

なお、軽易な業務への転換は、従業員からの請求があってから、会社は対応することになります。ときに、「妊娠したのに何も配慮してくれない」「おなかが大きくなっているのに、いままでと同じように立ち仕事に配置される」と思うこともあるかもしれませんが、従業員からの請求がない状況で、業務の転換を行うと、「妊娠したら妊娠前の業務を外された」と指摘されることがあります。必要に応じ、「相談（請求）する」ということを忘れないようにしましょう。請求するときの様式は特に決められていないため、まずは、上司や総務担当者に、口頭で伝えるというところから始めるとよいです。

12

2 軽易な業務

　軽易な業務といっても、それがどのような業務を指し示すのかは人によって異なります。転換後の業務については、自分自身の身体の状況や、会社にある業務内容により、会社と従業員本人とで話し合いなどで調整することになります。ときに、主治医（妊娠中に通院している病院などの医師）等の意見を確認して、会社に伝えることも必要になるでしょう。

　なお、会社に求められていることは、軽易な業務に転換することであり、新しく軽易な業務を作り出してまで働いてもらう義務はないとされています。

FIGURE 1　軽易な業務への転換

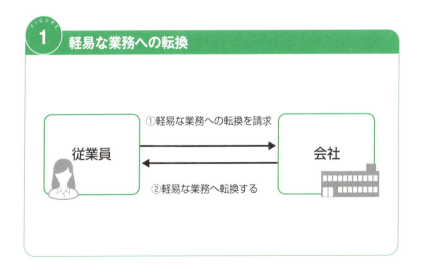

毎日残業続きで、身体への負担が大きい

　妊娠・出産に対する配慮のため、妊娠中や出産後に妊産婦から請求されたときには、会社は残業や休日出勤をさせたり、深夜時間帯に働かせたりすることが禁止されています。残業の負担が大きいときには、会社に相談（請求）するとよいでしょう。

1　妊産婦の残業・休日出勤等の制限

　会社は業務の状況により、従業員に残業（**時間外労働**）や、**休日出勤（休日労働）**を指示できることになっています。また、原則として18歳未満の従業員を除き、男女問わず深夜（22時から翌5時）にも業務をさせること（**深夜業**）ができます。

　ただし、**妊産婦**（妊娠中または出産後1年以内の女性）が請求したときは、時間外労働や休日労働、深夜業をさせることはできません。あくまでも妊産婦からの請求に基づくものであるため、負担を感じている場合は早めに上司や総務担当者に相談しましょう。なお、請求は時間外労働、休日労働、深夜業のすべてについてすることも、「残業は1日1時間までしかできない」など部分的にすることもできます。

2　変形労働時間制の適用制限

　法令では原則として、1日の所定労働時間は8時間以内、1週間の所定労働時間は40時間以内と決められています（**法定労働時間**）。この例外として、会社が手続きをすることで、一定の期間を平均して1日8時間以内、1週間40時間以内を守れば、例えば1日の所定労働時間を10時間にしたり、1週間に48時間（1日8時間×6日）にしたりすることもできます（**変形労働時間制**）。

変形労働時間制は1日の労働時間や1週間の労働時間が法定労働時間よりも長くなる日や週が発生し、従業員への負担となります。そのため、妊産婦が請求したときは、変形労働時間制で勤務をさせることができません。

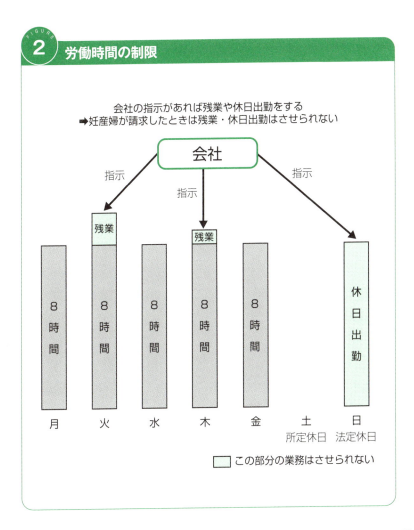

FIGURE 2　労働時間の制限

土曜日(会社の休日)は病院が混雑するので平日(勤務日)に通院したい

平日に有休を取って通院することが考えられます。有休がない場合や、有休を取りたくない場合でも、会社には妊産婦の通院の時間を確保することが求められているため、目的を伝えて平日に通院できるようにしてもらいましょう。

1 妊産婦健診

妊娠中には、以下の妊娠週数に応じた**保健指導**や**健康診査**（健康診査等）を受診することになっています。

妊娠週数	受診回数
0週～23週まで	4週間に1回
24週～35週まで	2週間に1回
36週～出産まで	1週間に1回

また、出産後1年以内の産婦について、医師等が健康診査等を受けることを指示することがあります。そのため、「健康診査等を受けるので休みたい」と会社に相談（申出）すれば、会社はその日が勤務日であっても休めるように（健康診査等の時間を確保できるように）しなければなりません。勤務日に通院を希望するときは会社に相談するとよいでしょう。その上で、会社から業務の都合等で希望する通院の日を変更する依頼があったときには、通院の日を別の日に変更できるか検討したいものです。

年次有給休暇（有休）があるときは、その有休を取って通院することも考えられます。

FIGURE 3 健康診査・保健指導申請書

健康診査・保健指導申請書

所属				
氏名		分娩予定日	年　月　日	

※(1)	医療機関名	所在地（電話番号）	医療機関等初診日
1			年　月　日
2			年　月　日
3			年　月　日

※(2)	申請日	通院する日・時間	妊娠週数	承認欄
1	月　日	月　日　時　分～　時　分	週	
	月　日	月　日　時　分～　時　分	週	
	月　日	月　日　時　分～　時　分	週	
	月　日	月　日　時　分～　時　分	週	
	月　日	月　日　時　分～　時　分	週	
	月　日	月　日　時　分～　時　分	週	
	月　日	月　日　時　分～　時　分	週	
	月　日	月　日　時　分～　時　分	週	
	月　日	月　日　時　分～　時　分	週	
	月　日	月　日　時　分～　時　分	週	

※(1)　2以降は医療機関を変更した場合に、記入してください。
※(2)　医療機関等を※(1)欄の番号で記入してください。

出所：厚生労働省「働く女性の母性健康管理のために」より抜粋

2 対象になる時間

健康診査等の時間とは、以下の①～④のすべての時間を含みます。

①健康診査の受診時間
②保健指導を直接受けている時間
③医療機関等での待ち時間
④医療機関等への往復時間

　会社は**通院休暇制度**等として制度を用意することになりますが、この制度は1日単位のほか、半日単位や時間単位といった比較的柔軟な制度が用意されていることもあります。制度を利用するときは、会社の就業規則等で内容を確認しましょう。

3 申請方法や休んだときの給与

　通院のために休むときに、どのような方法で会社に申し出るか、その方法について法令では定められていません。会社によって口頭での申出でよい場合もあれば、書面での申出となっていることもあります。健康診査等の時間には、「医療機関等への往復時間」も時間に含まれるため、通院する医療機関名や所在地を申出に添えることが求められることもあります。そのため、厚生労働省が準備をしている書面は、図表3のようになっています。

　勤務日を休んで健康診査等を受診する際には、その休んだ時間分の給与が払われない（月給者のときは給与が減額となる）ことがあります。実際に働いていないため、会社が給与を支払わないことに問題はありません。

病院から通勤ラッシュの満員電車には乗らないように言われた

公共交通機関を利用した通勤における混雑や、自家用車を利用した通勤における交通渋滞は、つわりが悪化したり、流産や早産につながったりする恐れがあります。医師等から通勤緩和の指導を受けたときは、会社に申し出て、時差出勤や勤務時間の短縮をしてもらいましょう。

1 医師等からの指導

妊娠中や出産後の健康診査等の結果、医師等から指導を受けることがあります。その指導の内容は様々ですが、仕事に関連することもあります。指導を受けたときの仕事上の対応として法令で定められていることには、以下の3つがあります。

①妊娠中の通勤緩和

妊娠中に医師等から通勤緩和の指導を受けたときは、会社にその内容を伝えて、通勤時間帯の混雑を避けて通勤することができるように通勤緩和をしてもらいます。電車やバス等の公共交通機関での通勤はもちろん、自家用車での通勤も対象になります。始業時間や終業時間に各々30〜60分程度の時間差を設けてもらうことや、フレックスタイム制での勤務を適用してもらうことも考えられます。これらは時差での出勤となるため、働く時間は変わりません。会社が認めるのであれば、通勤時間帯を避けるために、勤務時間を30〜60分程度短くしてもらうことも選択肢の1つです。

② 妊娠中の休憩に関する措置

妊娠中は疲れやすくなる人も多く、通常の休憩とは別に休憩時間を延長してもらうこと、休憩回数を増やしてもらうこと、休憩時間帯を変更してもらうことを会社に相談することが考えられます。

③ 妊娠中または出産後の症状等に対応する措置

妊娠中の女性や出産後1年未満の女性は、心身にさまざまな症状が出てくるといわれています。出てくる症状によって、必要となる対応は違うため、症状に合わせて対応を取ることが求められます。具体的な措置（取組み）内容と、その例は右表のようにまとめられています。

2　対応を受けたときの給与

勤務時間を短縮したり、休憩時間を長くしたりすることで働かなくなる時間については、その時間に対する給与が支払われなくなることもあります。会社には対応する必要はあるものの、働かなくなる時間に対し、給与を支払う必要まではないためです。

制度を利用し、決して無理をしないようにしましょう。

医師等から指導があった妊産婦への具体的な対応例

措置内容			具体的な措置内容の例
勤務時間の短縮			始業時間を遅くする、終業時間を早くする、休憩時間を長くする等により、勤務時間を1日1～2時間程度短縮する。
作業の制限	身体的負担の大きい作業の制限		
		長時間の立作業	連続して1時間程度以上の立作業を避ける。椅子を配置し、適宜休憩する。他の座作業を組み合わせる。
		同一姿勢を強制される作業	長時間の座作業や車両の運転等、同一姿勢を持続させるような連続作業を控える。このような作業を行う場合も1時間以内とする。適宜休憩や離席を認める。
		腰に負担のかかる作業	重量物を持ち上げる、要介護者を抱える、腰をひねるといった動作、前屈みの姿勢、中腰姿勢での作業を避ける。
		寒い場所での作業	冷凍冷蔵倉庫や冬の屋外作業など防寒着等の工夫によっても避け難い寒冷環境での作業を控える。
		長時間作業場所を離れることのできない作業	トイレ休憩等のため適宜離席することを認める。
		その他	連続的歩行、頻繁に階段の昇降を伴うような作業、腹部の圧迫など不自然な姿勢となるような作業、全身の振動を伴う作業、高所作業や濡れた床面など足場の不安定な場所での作業を避ける。
	ストレス・緊張を多く感じる作業の制限		納期に追われる業務、対人折衝の多い業務、突発対応の多い業務を軽減する。長時間緊張が継続するような運転や機械作業を軽減する。
妊娠中の通勤緩和の措置			・時差通勤を認める（始業時間及び終業時間に各々30分～60分程度の時間差を設ける。労働基準法第32条の3に規定するフレックスタイム制を適用する）。 ・勤務時間を短縮する（1日30分～60分程度の時間短縮を行う）。 ・交通手段・通勤経路を変更する（心身への負担が少ない交通手段、混雑の少ない交通経路にする）。 ・在宅勤務を認める。
妊娠中の休憩に関する措置			・休憩時間を延長する。休憩回数を増やす。 ・休憩時間帯を変更する（補食時間を設けるなど、つわり等の症状に合わせた休憩時間の配慮を行う）。 ・休憩設備の配慮をする（横になって休憩できるよう長椅子や畳等を設置する）。

出所：厚生労働省「働く女性の母性健康管理のために」をもとに作成

病院からの指導内容を うまく会社に伝えられない

医師等から受けた指示を、会社に的確に伝えることは難しいものです。「母性健康管理指導事項連絡カード」(母健連絡カード)を使って会社に伝えられるとよいでしょう。

1 母健連絡カード

妊娠中や産後の健康診査等の結果、働くにあたり、医師から何らかの指導を受けることがあります。会社は、その指導事項を守ることができるような措置（取組み）をする必要があります。そのため、指導事項を会社に適切に伝える必要がありますが、的確に伝えることはかなり難しいものです。厚生労働省は**母性健康管理指導事項連絡カード**（通称、**母健連絡カード**）という図表5の様式を用意し、積極的に活用するよう周知をしています。

2 母健連絡カードの使い方

母健連絡カードの一般的な使い方（流れ）は図表6のとおりです。

[STEP1] **医師等による発行**：妊娠中や出産後の健康診査等の結果、通勤緩和や休憩に関する措置などが必要であると医師等に指導を受けたとき、母健連絡カードに必要な事項を記入して発行してもらいます（図表6①②）。

[STEP2] **会社への申出**：会社に母健連絡カードを提出して対応を申し出ます（図表6③）。

[STEP3] **会社の対応**：会社は母健連絡カードに記入された事項をもとに時差通勤や休憩時間の延長等の対応をします（図表6④）。

FIGURE 5

母健連絡カード

母性健康管理指導事項連絡カード

年　月　日

事業主 殿

医療機関等名 ＿＿＿＿＿＿＿＿

医 師 等 氏 名 ＿＿＿＿＿＿＿＿

下記の1の者は、健康診査及び保健指導の結果、下記2～4の措置を講ずることが必要であると認めます。

記

1. 氏名 等

氏名		妊娠週数	週	分娩予定日	年　月　日

2. 指導事項

症状等（該当する症状等を○で囲んでください。）

措置が必要となる症状等
つわり、妊娠悪阻、貧血、めまい・立ちくらみ、腹部緊満感、子宮収縮、腹痛、性器出血、腰痛、痔、静脈瘤、浮腫、手や手首の痛み、頻尿、排尿時痛、残尿感、全身倦怠感、動悸、頭痛、血圧の上昇、蛋白尿、妊娠糖尿病、赤ちゃん（胎児）が週数に比べ小さい、多胎妊娠（　胎）、産後体調が悪い、妊娠中・産後の不安・不眠・落ち着かないなど、合併症等（　　　）

指導事項（該当する指導事項欄に○を付けてください。）

標準措置			指導事項
休業	入院加療		
	自宅療養		
勤務時間の短縮			
作業の制限	身体的負担の大きい作業（注）		
		長時間の立作業	
		同一姿勢を強制される作業	
		腰に負担のかかる作業	
		寒い場所での作業	
		長時間作業場を離れることのできない作業	
	ストレス・緊張を多く感じる作業		

（注）「身体的負担の大きい作業」のうち、特定の作業について制限の必要がある場合には、指導事項欄に○を付けた上で、具体的な作業を○で囲んでください。

標準措置に関する具体的内容、標準措置以外の必要な措置等の特記事項

3. 上記2の措置が必要な期間
（当面の予定期間に○を付けてください。）

1週間（　月　日～　月　日）	
2週間（　月　日～　月　日）	
4週間（　月　日～　月　日）	
その他（　月　日～　月　日）	

4. その他の指導事項
（措置が必要である場合は○を付けてください。）

妊娠中の通勤緩和の措置（在宅勤務を含む。）	
妊娠中の休憩に関する措置	

指導事項を守るための措置申請書

年　月　日

上記のとおり、医師等の指導事項に基づく措置を申請します。

所属 ＿＿＿＿＿＿＿＿

氏名 ＿＿＿＿＿＿＿＿

事業主 殿

この様式の「母性健康管理指導事項連絡カード」の欄には医師等が、また、「指導事項を守るための措置申請書」の欄には女性労働者が記入してください。

（参考）症状等に対して考えられる措置の例

症状名等	措置の例
つわり、妊娠悪阻	休業（入院加療）、勤務時間の短縮、身体的負担の大きい作業（長時間作業場を離れることのできない作業）の制限、においがきつい・換気が悪い・高温多湿などのつわり症状を増悪させる環境における作業の制限、通勤緩和、休憩の配慮　など
貧血、めまい・立ちくらみ	勤務時間の短縮、身体的負担の大きい作業（高所や不安定な足場での作業）の制限、ストレス・緊張を多く感じる作業の制限、通勤緩和、休憩の配慮　など
腹部緊満感、子宮収縮	休業（入院加療・自宅療養）、勤務時間の短縮、身体的負担の大きい作業（長時間の立作業、同一姿勢を強制される作業、長時間作業場所を離れることのできない作業）の制限、通勤緩和、休憩の配慮　など
腹痛	休業（入院加療）、疾患名に応じた主治医等からの具体的な措置　など
性器出血	休業（入院加療）、疾患名に応じた主治医等からの具体的な措置　など
腰痛	休業（自宅療養）、身体的に負担の大きい作業（長時間の立作業、同一姿勢を強制される作業、腰に負担のかかる作業）の制限　など
痔	身体的負担の大きい作業（長時間の立作業、同一姿勢を強制される作業）の制限、休憩の配慮　など
静脈瘤	勤務時間の短縮、身体的負担の大きい作業（長時間の立作業、同一姿勢を強制される作業）の制限、休憩の配慮　など
浮腫	勤務時間の短縮、身体的負担の大きい作業（長時間の立作業、同一姿勢を強制される作業）の制限、休憩の配慮　など
手や手首の痛み	身体的負担の大きい作業（同一姿勢を強制される作業）の制限、休憩の配慮　など
頻尿、排尿時痛、残尿感	休業（入院加療・自宅療養）、身体的負担の大きい作業（寒い場所での作業、長時間作業場を離れることのできない作業）の制限、休憩の配慮　など
全身倦怠感	休業（入院加療・自宅療養）、勤務時間の短縮、身体的負担の大きい作業の制限、休憩の配慮、疾患名に応じた主治医等からの具体的な措置　など
動悸	休業（入院加療・自宅療養）、身体的負担の大きい作業の制限、疾患名に応じた主治医等からの具体的な措置　など
頭痛	休業（入院加療・自宅療養）、身体的負担の大きい作業の制限、疾患名に応じた主治医等からの具体的な措置　など
血圧の上昇	休業（入院加療・自宅療養）、勤務時間の短縮、身体的負担の大きい作業の制限、ストレス・緊張を多く感じる作業の制限、疾患名に応じた主治医等からの具体的な措置　など
蛋白尿	休業（入院加療・自宅療養）、勤務時間の短縮、身体的負担の大きい作業の制限、ストレス・緊張を多く感じる作業の制限　など
妊娠糖尿病	休業（入院加療・自宅療養）、疾患名に応じた主治医等からの具体的な措置（インスリン治療中等への配慮）　など
赤ちゃん（胎児）が週数に比べ小さい	休業（入院加療・自宅療養）、勤務時間の短縮、身体的負担の大きい作業の制限、ストレス・緊張を多く感じる作業の制限、通勤緩和、休憩の配慮　など
多胎妊娠（　胎）	休業（入院加療・自宅療養）、勤務時間の短縮、身体的負担の大きい作業の制限、ストレス・緊張を多く感じる作業の制限、通勤緩和、休憩の配慮　など
産後体調が悪い	休業（自宅療養）、勤務時間の短縮、身体的負担の大きい作業の制限、ストレス・緊張を多く感じる作業の制限、通勤緩和、休憩の配慮　など
妊娠中・産後の不安・不眠・落ち着かないなど	休業（入院加療・自宅療養）、勤務時間の短縮、ストレス・緊張を多く感じる作業の制限、通勤緩和、休憩の配慮　など
合併症等（自由記載）	疾患名に応じた主治医等からの具体的な措置、もしくは上記の症状名等から参照できる措置　など

出所：厚生労働省「母性健康管理指導事項連絡カード」

母健連絡カードは会社で配布しているほか、母子手帳に載っていたり、医療機関で用意をされていたりするため、臆することなく医師等に相談するとよいでしょう。

　なお、母健連絡カードを提出しなくても、会社は従業員の申出等から医師等の指導内容等が明らかであれば対応を取る必要があります。ただし、口頭では伝わりづらいことや確認がとりづらいこともありますので、母健連絡カードの利用が勧められています。なお、内容が不明確なことがあれば、会社が従業員を通じて医師等と連絡をとり、判断を求めること等もあります。状況に応じて医師等の指導内容が会社に伝わるように協力しましょう。

FIGURE 6 母健連絡カードの流れ

出所：厚生労働省「働く女性の母性健康管理のために」をもとに作成

働く上で出産前後に利用できる制度

　働く上で出産するときに利用できる制度にはどのようなものがあるのでしょうか。本章では、出産前と出産後に分けて、制度の利用や利用する際に疑問に感じる点を解説します。

妊娠したらいつから産休を取れるのか（出産のために休める期間とは）

　妊娠したときは、出産予定日の6週間前（双子以上の場合は14週間前）から産前休業を取ることができます。出産日の翌日から8週間は産後休業を取る必要があります。

1 産前産後休業

　産前産後休業（**産休**）は、**産前休業**と**産後休業**とに分かれています。「産前休業」は、出産予定日の6週間前（双子以上の場合は14週間前）から、従業員が請求することで取ることができます。請求することで取れる休業のため、請求せずに働くこともできます。なお、出産当日は産前休業に含まれます。

　「産後休業」は、出産日の翌日から8週間の休業であり、就業が禁止されているため、仮に「働きたい」と思ったとしても、働くこと（会社は働かせること）ができません。ただし、産後6週間経過したあとに、従業員本人が働きたいと会社に請求し、医師が「支障がない」と認めた業務について、働くことができる（会社が働かせたとしても差し支えない）となっています。

　実質的に、出産予定日より実出産日が遅れた場合には、産前休業が長くなり（図表7の①）、実出産日が出産予定日より早まった場合には、産前休業が短くなります（図表7の②）。

2 産休を取ることができる従業員

4-4では、「育児休業を取ることができない従業員」について解説していますが、産前休業は請求した従業員は誰でも取ることができるため、当然、パートタイマーやアルバイトであっても、また、産休を取ったあとに退職することが決まっている従業員であっても、取ることができます。

3 流産や死産と産後休業

流産や死産（人工妊娠中絶を含む）の場合でも、妊娠4ヶ月以上となっているときは産後休業の対象となります。流産や死産が妊娠の早い時期であったときには、出産予定日の6週間前になっていないため、産前休業（流産や死産の当日を除く）を取ることはありませんが、産後休業は取ることになります。

FIGURE 7 出産予定日と出産日、産休の関係性

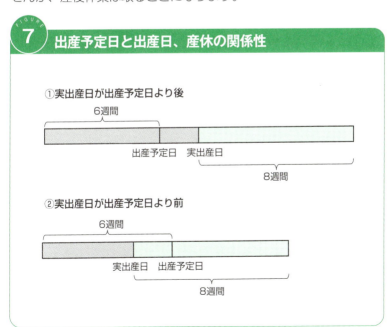

CHAPTER 2

2 産休中に有休を取れるのか

入社して6ヶ月を過ぎると、有休が取れるようになります。この有休について産前休業期間に取ることができますが、産後休業期間には取ることができません。

1 産休と有休の関係

産前休業は、従業員が会社に請求することで取ることができる休業です。一般的に産前産後休業（産休）中は給与が支払われないため（無給）、できるだけ多くの収入を確保しようと思うと働くのか、有休（年次有給休暇）を取るのかが選択肢になります。産前休業を取るのか、働くのか、または、有休を取るのかは、従業員自身が決めることになります。

2 産後休業と有休

有休はもともと働くことができる日に、休んでも給与が支払われるものです。産後休業では、就業が禁止されており（2-1参照）、もともと働くことが想定されていない（働くことができない）ため、有休を取ることはできません。

3 有休と出産手当金

会社で健康保険に加入している人が産休を取った場合、出産手当金が支払われます（3-1参照）。出産手当金の支払いは、給与が支払われない日を対象として支払われるため、産前休業の期間に有休を取った場合、その日について支払われません。

通常、有休を取ったときに支払われる給与の額と出産手当金の額は違うため、それも踏まえて、有休を取る日を考えるとよいでしょう。

4 有休は2年でなくなる

有休は、付与された日から2年間のうちに取らなければ時効として消滅し、取れなくなります。産休や育児休業（育休）の期間中であったときも時効で消滅することに変わりはありません。

なお、産休や育休の期間は出勤したものとして新しく有休が付与されることになっているため、産休や育休の期間中に有休が付与されることもあります。

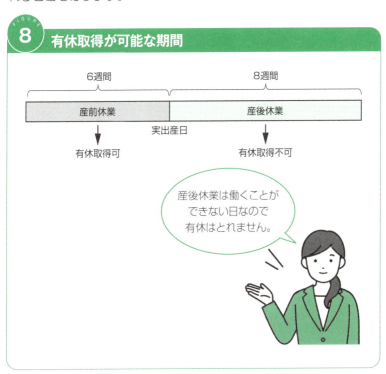

FIGURE 8 有休取得が可能な期間

働きながら母乳育児を続けることができるか？

産後休業を取ったあとにすぐに復帰するときなどには、1回30分、1日2回の育児時間を使って、授乳したり搾乳したりすることで母乳育児を続けられるかもしれません。

1 産休後の働き方

産後休業期間中は働くことが原則禁止されています。現在、出産した女性は産後休業後に引き続き育児休業（育休）を取るケースが多くなっていますが、育休を取るかどうかは従業員本人の判断になります。そのため、産後休業終了後にすぐに職場に復帰するケースも見受けられます。そのときには、子どもの成長や女性の身体の仕組みを考え、「できる限り母乳で育てること」を希望する女性もいるようです。

2 育児時間の利用

法令では、1歳未満の子を育てる女性の従業員が請求したときは、通常の休憩時間とは別に、1日2回、1回につき少なくとも30分の**育児時間**を与えなければならないとしています。そもそもは、授乳をする時間の確保を想定して作られた制度のようですが、育児時間の利用目的は授乳のみに限定されていません。企業によっては、搾乳室が準備され、搾乳した母乳を保管できるように冷蔵庫を設置していることもあるようです＊。母乳育児を続けるために、育児時間に搾乳をすることなどを考えることはできるかもしれません。

＊〜あるようです　搾乳室の設置は会社の義務ではないため、設置をするかは会社の判断になります。

3 育児時間の運用

　育児時間をどの時間帯で取るかということは、会社と従業員の判断に任せられています。就業規則で、取ることのできる時刻が決められていることもありますが、育児時間が取れることとだけが決められていることもあります。そのようなときには、育児時間をどのように取るのかを、会社に相談する必要があります。

　1日2回、各々30分（以上）の育児時間を、1回60分（以上）にまとめて取ることも、また、始業時刻や終業時刻と連続する形で取ることもできます。このような取り方に関しても、従業員本人の事情と会社の事情をすり合わせながら相談するとよいでしょう。

　なお、育児時間は働かないこととなるため、取った時間に対し給与を支払わないとしていることもあります（無給）。給与の取扱いも事前に就業規則等で確認しておくことをおすすめします。

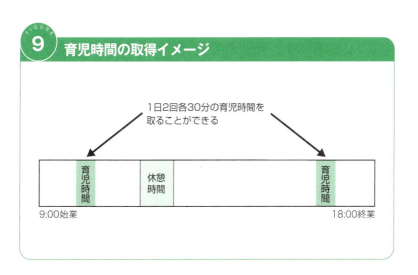

FIGURE 9　育児時間の取得イメージ

1日2回各30分の育児時間を取ることができる

| 育児時間 | 休憩時間 | | 育児時間 |

9:00始業　　　　　　　　　　　　　　　　　　18:00終業

MEMO

産休中に
もらえるお金など

　産休中には出産手当金や出産育児一時金といったお金をもらうことができます。また、本来支払うべき社会保険料の免除が受けられます。本章では社会保険からもらえるお金の申請方法や社会保険料の免除の考え方、注意点などについて解説します。

産休中にもらえるお金とは？

会社で健康保険に加入している従業員で、出産のために会社を休み、給与が支払われないときは、健康保険から出産手当金が支払われます。

1 出産手当金の制度

出産のために会社を休み、その間に給与が支払われないときは、健康保険から**出産手当金**が支払われます。従業員本人が会社の健康保険に加入しているとき（被保険者となっているとき）に支払われるため、健康保険の扶養になっている配偶者や家族（被扶養者）がパートやアルバイトをしている会社を休んでも支払われません。

2 出産手当金の対象となる日

出産手当金は、出産の日（実出産日が出産予定日よりあとのときは出産予定日）以前42日（多胎妊娠の場合98日）から出産の翌日以後56日目までの範囲内で、会社を休んだ日に対し支払われます。

出産が出産予定日より遅れた場合、その遅れた期間についても出産手当金が支払われます（図表10）。

実出産日が出産予定日より早まった場合には、2-1で解説した産前産後休業の期間の考え方と異なることになります。

3 会社の健康保険に加入していない人

会社の健康保険に加入していない人も、出産のために会社を休むことは認められます。ただし、休んで給与が支払われなくなっても出産手当金のような補償はありません。会社で社会保険に加入することのメリットとして、このように健康保険から出産手当金などの給付金が支払われることがあります。

FIGURE 10 出産手当金が支払われる期間（申請可能期間）

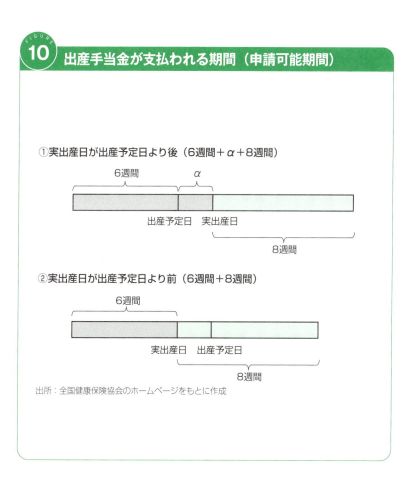

①実出産日が出産予定日より後（6週間＋α＋8週間）

②実出産日が出産予定日より前（6週間＋8週間）

出所：全国健康保険協会のホームページをもとに作成

出産手当金はどのように手続きするのか

出産手当金は、出産後に会社と医師等からの証明をもらって申請します。

1 出産手当金の申請

　出産手当金は、原則として会社を通じて協会けんぽ等の保険者（健康保険を運営する団体）に申請することで支払われます。

　協会けんぽの出産手当金の申請書は1セット3ページとなっており、それぞれのページで記入する人と記入する内容が決まっています。通常、2ページ目に医師等の証明をもらった上で、1ページ目を添えて会社に提出する流れで申請します（図表11参照）。

　出産手当金の申請書は保険者のホームページからダウンロードできるほか、産前産後休業を取るときに会社から渡されることもあります。

2 出産手当金の申請回数

　産後休業後に産前休業と産後休業の両方の期間についてまとめて申請することが一般的ですが、例えば産前休業と産後休業の2回に分けて申請することもできます。2回に分けて申請することで、先に申請した分は早く支払われることになります。

　分けて申請するときには、申請するタイミングによって、医師等の必要な証明が違うことがあります。

3 出産手当金が支払われる時期

　出産手当金の申請書に、記入漏れや記入誤りがなければ、協会けんぽに到着してから、2週間程度で従業員本人の銀行口座に振り込まれます。出産手当金を支払った（振り込んだ）というお知らせが保険者から届くこともあります。

　出産手当金が振り込まれる銀行口座等は、原則として従業員本人名義の口座となります。図表12の被保険者（申請者）情報に記入する「氏名（カタカナ）」を用いて振込が行われるため、例えば結婚前の旧姓のままとなっている銀行口座等を指定しないよう注意しましょう。

FIGURE 11 出産手当金の申請書の構成

枚数	記入する人	記入する内容
1ページ目	従業員	従業員の氏名や手当金の振込先の情報
2ページ目	従業員	手当金の申請期間等
	医師等	出産の事実とその内容
3ページ目	会社	出産のために休んだ期間とその期間における給与の支払い状況

協会けんぽの出産手当金の様式の1ページ目（イメージ）

出産手当金として支払われる額

出産手当金の額は、過去１年間の健康保険の標準報酬月額で決まります。細かな金額は個別に計算する必要がありますが、産休を取る前の給与額のおおよそ３分２の額が目安になります。

1 出産手当金の額

出産手当金の１日当たりの額は、出産手当金が最初に支払われる日（支給開始日）を基準として、以下の計算式で決まります。

[直近１年間の標準報酬月額の平均額] ÷ [30日] × [2/3]

※標準報酬月額は7-2のコラム参照。

この１日当たりの額に、出産のため会社を休み、その間に給与が支払われない期間として申請した日数分が支払われます。具体的には、以下の例のようになります。

支給開始日：８月１０日
産休期間：産前休業６週間、産後休業８週間（合計98日間）

9月	10月	11月	12月	1月	2月	3月	4月	5月	6月	7月	8月
24万円	24万円	24万円	24万円	24万円	24万円	30万円	30万円	30万円	30万円	30万円	30万円

← 6ヶ月 → ← 6ヶ月 →

・１日当たり額：[24万円×６ヶ月+30万円×６ヶ月]÷30日×12ヶ月×2/3=6000円
・合計額：6000円×98日=58万8000円

出産手当金を申請することで、協会けんぽ等の保険者（健康保険を運営する団体）が届出されている標準報酬月額をもとに、支払う額を計算するため、申請書に標準報酬月額を書く必要はありません。ただし、過去1年間に転職をしたときは、転職前の勤務先の情報を提出する必要があります（3-4参照）。

2　支払われる日は暦日でカウント

　出産手当金は出産のために会社を休んだ日に対し、暦日でカウントし、支払われるか否かが決まります。この暦日とは、労働日（会社で働く日）や休日（会社が休みの日）ではなく、こよみで定められた1日のことです。そのため、土日などの会社が休みの日であっても、働いていなくて、その日に給与が支払われていなければ支払いの対象となります。

3　産休中に給与が支払われるときの取扱い

　産休中に給与の一部を支払うという会社もあります。出産手当金は、出産のため会社を休み、その間に給与が支払われないときに支払われるため、その日の給与の額が、出産手当金の額より多いときは、出産手当金が支払われず、出産手当金の額より少ないときは、その差額が支払われます。

　また、2-2で解説したとおり産前休業中は、年次有給休暇（有休）を取ることができます。産前休業中に有休をとったときは、出産のために会社を休み、働いていないものの、給与が支払われるため、出産手当金は支払われません。

妊娠中に転職したときの出産手当金はどうなる？

妊娠中に転職したときも、転職先で健康保険に加入すれば、出産手当金は支払われます。ただし、1日当たりの額の計算方法が転職前とは異なることになります。

1 転職と出産手当金

就職後、勤続1年未満で出産したり、妊娠中に転職し、転職後に出産したりすることもあります。出産手当金は、健康保険に加入していた被保険者期間に関わらず支払われますが、転職したときなどには「直近1年間の標準報酬月額」が計算できないため、以下のいずれか低い額を使用して計算することになっています。

①会社で健康保険に加入したあとの標準報酬月額の平均額
②会社が加入する保険者における全被保険者の平均額(※)

※協会けんぽが保険者のときの②の額は、2024年8月1日現在、30万円

ただし、転職した場合に、転職前の会社と転職後の会社の両方が、同じ保険者（健康保険を運営する団体）だったときは、転職前に加入していたときの標準報酬月額も確認し、通算することになっています。図表13（協会けんぽが保険者のときの様式）のように、以前の勤務先や所在地、勤務していた期間がわかる書類を作成し、提出することになります。

2 退職と出産手当金

　妊娠中に退職（会社の社会保険から脱退）し、当面は就職しないこともあるかと思います。このようなときは、退職日（健康保険の被保険者の資格を喪失した日の前日）までに継続して1年以上、健康保険の被保険者であるとともに、退職日に出産手当金が支払われているか、または支払われる条件を満たしていれば、退職後も出産手当金が支払われます（継続給付）。

　退職日に出勤すると、継続給付が支払われる条件を満たさないことになるため注意が必要です。

3 退職後の社会保険の扶養

　退職後は出産し、当面就職せずに育児に専念することもあるかもしれません。条件を満たせば出産手当金は支払われますが、配偶者や家族の社会保険の扶養になるときは、出産手当金も収入として扱われ、出産手当金の額が1日あたり3612円以上のときは、出産手当金をもらっている期間、社会保険の扶養には入れません。

図表13は転職前後の保険者が変わるようであれば提出は不要です。

FIGURE 13 転職したときなどに必要となる書類

CHAPTER 3 産休中にもらえるお金など

【別添】

被保険者証	記号		番号	

氏名	（フリガナ）	生 年 月 日
		昭和 平成　　　年　　　月　　　日

傷病手当金・出産手当金の申請期間の初日の属する月までの12か月間に、勤務先が変更した場合もしくは、定年再雇用等で被保険者証の番号が変更した場合、または退職後に任意継続被保険者になった場合は、下記の表にご記入ください。ただし、全国健康保険協会に加入していた場合に限ります。

①	会社名(任意継続被保険者の場合は加入支部名称)	（フリガナ）
	所在地(任意継続被保険者の場合はお住まいの住所)	〒　　－　　　　　　　　　　　　　都・道 府・県
	使用されていた(加入していた)期間	平成　　年　　月　　日 ～ 平成　　年　　月　　日

②	会社名(任意継続被保険者の場合は加入支部名称)	（フリガナ）
	所在地(任意継続被保険者の場合はお住まいの住所)	〒　　－　　　　　　　　　　　　　都・道 府・県
	使用されていた(加入していた)期間	平成　　年　　月　　日 ～ 平成　　年　　月　　日

③	会社名(任意継続被保険者の場合は加入支部名称)	（フリガナ）
	所在地(任意継続被保険者の場合はお住まいの住所)	〒　　－　　　　　　　　　　　　　都・道 府・県
	使用されていた(加入していた)期間	平成　　年　　月　　日 ～ 平成　　年　　月　　日

傷病手当金・出産手当金の申請期間の初日の属する月までの12か月間に加入していた健康保険組合が解散し、全国健康保険協会に加入した場合は、健康保険組合の名称及びその加入期間をご記入ください。

①	健康保険組合の名称	
	加入期間	平成　　年　　月　　日 ～ 平成　　年　　月　　日

出所：協会けんぽのホームページ

出産に対して健康保険から支払われるお金

出産には多くの費用がかかりますが、正常分娩のときは健康保険証が使えません。そのため健康保険から、子ども1人につき50万円の「出産育児一時金」が支払われます。

1 正常分娩は「病気やケガ」ではない

健康保険証（健康保険の**療養の給付**）は、仕事中や通勤途中以外で起こった、病気やケガに対して利用できます。また、健康保険から受けられる各種給付も同様です。出産のうち、正常な出産（**正常分娩**）は病気やケガではないため、健康保険証は利用できず、出産費用の全額（10割）を従業員やその家族が負担することになります。結果として、出産のときに必要となる費用は大きな額となります。そこで、従業員（健康保険の被保険者）やその家族（被扶養者）が出産したときには、出産のときに必要となる費用やその後の育児にかかる費用の補てんとして、健康保険から**出産育児一時金**が支払われます。

2 出産育児一時金の額

出産育児一時金の額は、子ども1人につき50万円です。双子以上の出産をしたときは、生まれた子どもの人数分が支払われます。ただし、50万円の中には、3-7の**産科医療補償制度**に加入している医療機関等で出産したときの掛け金1万2000円（2024年8月1日現在）が上乗せされています。そのため、産科医療補償制度に未加入の医療機関等で出産したときや、産科医療補償制度の対象外となる妊娠週数22週未満で出産したときには48.8万円となります（図

14参照)。なお、「出産育児一時金」の「出産」とは、妊娠13週（85日）以後の出産が対象です。この出産には、早産や死産、流産のほか、人工妊娠中絶も含みます。

3 帝王切開は「手術」の扱い

逆子を出産するときや、双子以上を出産するときには、**帝王切開**での出産になることが一般的なようです。帝王切開での出産は、正常分娩とは異なり、手術として扱われるため、健康保険証を利用できます（療養の給付により、原則自己負担額は3割となります）。これに加え、その費用が高額になったときは、健康保険の**高額療養費**の制度により、自己負担額が一定額を超えたときは、超えた分について後日払い戻されたり、医療機関等の窓口での支払いが免除されたりします。ここでは、高額療養費の解説は割愛しますので、対象になりそうなときは、医療機関等の窓口や会社の総務担当者に確認するとよいでしょう。なお、出産育児一時金は、出産や育児の費用として支払われるものであるため、帝王切開であっても、当然支払われます。

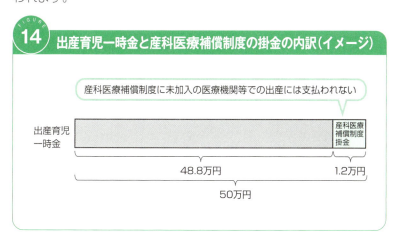

FIGURE 14 　出産育児一時金と産科医療補償制度の掛金の内訳（イメージ）

出産育児一時金の受け取り方は？出産費用の直接支払制度とは？

「直接支払制度」を利用することで、協会けんぽ等の保険者（健康保険を運営する団体）から、出産した医療機関等に、出産育児一時金が直接支払われます。

1 出産育児一時金の支給方法

出産に必要となった費用は、医療機関等の窓口で全額を支払ってから、出産育児一時金の申請書に、医師・助産師、市区町村長のいずれかの出産等にかかる証明をもらった上で申請することで、従業員（健康保険の被保険者）の銀行口座等に現金で振り込まれます。

これが原則の方法ですが、この方法では、従業員がいったん出産に必要となる費用の全額を支払ったあとで、出産育児一時金が支払われるため、その立替の負担や申請の手間が発生します。現在ではこのような立替をなくした**直接支払制度**が広く利用されています。

2 直接支払制度の利用

直接支払制度は、出産育児一時金の額を上限として、医療機関等の窓口で支払うこととなる出産に必要となった費用を、保険者から医療機関等に直接支払う仕組みです。

出産に必要となった費用が出産育児一時金の額以内であれば、従業員が医療機関等の窓口で支払う費用はなく、出産に必要となった費用が出産育児一時金の額を超えるときには、超えた分のみを医療機関等の窓口で支払うことになります（図15参照）。

このとき、出産に必要となった費用が出産育児一時金の額より少ない場合は、後日、保険者に申請することで、その差額が従業員に

支払われます。直接支払制度を利用するためには、事前に出産する医療機関等で手続きをする必要があります。

3 直接支払制度の対象外の医療機関等での出産

多くの医療機関等で、直接支払制度が利用できますが、一部、利用できない医療機関等もあります。その代わりとして、従業員に支払われる出産育児一時金を、医療機関等が代わりに受け取ることのできる**受取代理制度**を利用できることがあります。

利用する機会が少ないため、詳細の解説は割愛しますが、出産に必要となる費用は大きな額となりますので、出産する医療機関等で利用できる制度を事前に確認の上、出産育児一時金をどのような方法で受け取るのかを決めておくとよいでしょう。

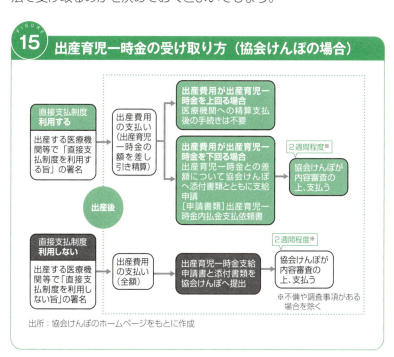

FIGURE 15 出産育児一時金の受け取り方（協会けんぽの場合）

出所：協会けんぽのホームページをもとに作成

子どもが脳性まひとなったときの補償

出産時に子どもが重度の脳性まひとなったときに、産科医療補償制度から金銭的な補償が受けられます。出産育児一時金には、この産科医療補償制度の掛金分が上乗せされています。

1 産科医療補償制度

産科医療補償制度とは、出産のときに重度の脳性まひとなった子どもやその家族の経済的負担を速やかに補償するとともに、脳性まひとなった原因の分析を行い、再発防止策を行うことを目的として運用されているものです。2024年8月1日現在、出産を扱う医療機関等（病院・診療所・助産所）のほぼ100%が加入しています。

万が一、出産した子どもが補償制度の対象となったときは、補償金の申請をすることになります。産科医療補償制度に加入している医療機関等の院内には、図表16のマークが掲げられることになっており、公益財団法人日本医療機能評価機構の産科医療補償制度のホームページでも、加入している医療機関等を確認できます。

産科医療補償制度のマーク

出所：公益財団法人日本医療機能評価機構

2 産科医療補償制度の掛金負担

産科医療補償制度は医療機関等が加入し、出産ごとに医療機関等が掛金を負担する仕組みです。掛金の負担が出産費用に上乗せされることが想定されたため、産科医療補償制度に加入している医療機関等で出産した場合には、その掛金額の分を、出産育児一時金に上乗せするような形（3-5参照）で、出産する人やその家族に掛金と同額が支払われるような形になりました。実質的には、出産する人やその家族の直接的な負担がないようになっている制度です。

> 多くの医療機関等が加入しており、負担もないのであれば安心して出産できますね！

Column
出産する施設が探せる「出産なび」

厚生労働省は、全国の分娩を取り扱う医療機関等（病院・診療所・助産所）の特色・サービスや費用についての情報提供を行うウェブサイト「出産なび」を開設しています。このサイトには、全国の分娩を取り扱うほぼすべて（約2000件）の医療機関等について、所在地、外来受付時間、医師数や年間分娩件数といった基礎情報に加え、助産ケアや付帯サービスの実施有無、分娩にかかる費用の目安などの詳細情報が掲載されています。

産休中は社会保険料を支払わなくてもよい

産休中は、会社が手続きを行うことで、社会保険料が免除されます。免除されている期間は保険料を納めたことになるため、健康保険証はそのまま利用でき、将来の年金額の計算では保険料を払ったものとして反映されます。

1 社会保険料の負担

会社で社会保険に加入すると、通常は、給与からの控除（天引き）により社会保険料を支払うことになります。天引きされる社会保険料は加入している保険や、従業員の年齢により異なりますが、一般的には、**雇用保険料**、**健康保険料**、**介護保険料**および**厚生年金保険料**に分かれています。

2 社会保険料の計算方法

雇用保険料は、支払われる給与の額に雇用保険料率を乗じて額が決まるため、給与が支払われなければ、保険料の負担もありません。そのため、産前産後休業（産休）に入り、給与が支払われなくなると、連動して保険料が控除されず負担はなくなります。

健康保険料、介護保険料および厚生年金保険料は、給与が支払われなくなっても保険料を負担することが原則となっていますが、会社が免除の手続きをすることで、従業員が負担する保険料と会社が負担する保険料（従業員が負担する保険料とほぼ同額）の両方が免除されます。

3 保険料免除の役割

　保険料の免除とは、社会保険に加入している中で、保険料の"支払い"が免除されるものであり、産休中も社会保険の加入は継続します。そのため、産休中も産休前と同様に健康保険証が利用でき、また、将来受け取る年金額の計算においても、保険料を支払ったものとして扱われます。会社が手続きをするという少しの手間はあるものの、保険料が免除されることで従業員や会社にとって不利になることはありません。

4 国民健康保険料・国民年金保険料の扱い

　会社で社会保険に加入していない人のうち、家族の扶養に入らずに国民健康保険料と国民年金保険料を負担している人もいます。こちらにも産休中の国民健康保険料と国民年金保険料の負担がなくなる制度があります。制度を利用するときは、居住地の市区町村役場での手続きが必要になります。詳細は市区町村役場で確認してください。

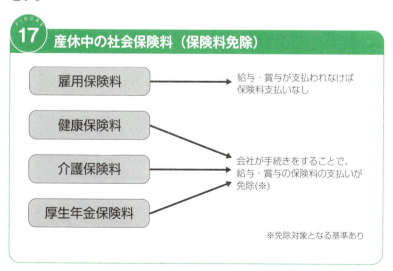

FIGURE 17　産休中の社会保険料（保険料免除）

- 雇用保険料 → 給与・賞与が支払われなければ保険料支払いなし
- 健康保険料
- 介護保険料
- 厚生年金保険料
→ 会社が手続きをすることで、給与・賞与の保険料の支払いが免除(※)

※免除対象となる基準あり

産休中の免除対象となる保険料は？

健康保険料、介護保険料および厚生年金保険料は、産休中の支払いが免除されますが、産休を取る時期で免除となる保険料が異なっています。　　　※本節は会社で社会保険に入っている人に関する内容です。

1　産休中に免除となる保険料

　社会保険料には1ヶ月ごとにかかるものと、賞与が支払われたときにかかるものの2種類があります。保険料の免除は、産前産後休業（産休）を取るタイミングで、以下のようになります。

・1ヶ月ごとに発生する保険料（給与から天引きされる保険料）：月末が産休となる月の保険料が免除となる
・賞与が支払われたときに発生する保険料（賞与から天引きされる保険料）：月末が産休である月に支払われる保険料が免除となる

　なお、育児休業中の社会保険料の免除の制度もありますが、産休中の免除の取扱いとは若干違いがあります（5-4参照）。

2　免除となる具体的事例

　産休中の保険料の免除を事例で示すと図表18のようになります。

①6月の保険料

　6月30日に産休を取っているため、6月の給与の保険料が免除になります。6月15日に賞与が支払われるときや産休に入る前の6月1日に賞与が支払われるときは、その保険料が免除になります。

②7月の保険料

7月31日に産休を取っているため、7月の給与の保険料が免除になります。7月中に賞与が支払われるときは、その保険料も免除となります。

③8月の保険料

8月31日は産休を取っていないため、8月1日から8月14日に産休を取っていても8月の給与の保険料は免除になりません。

また、8月15日に賞与が支払われるときや8月1日に賞与が支払われるときは、保険料は免除となりません（8月15日以降に育休を取っているときには、5-4の育休中の社会保険料の免除を参考にしてください）。

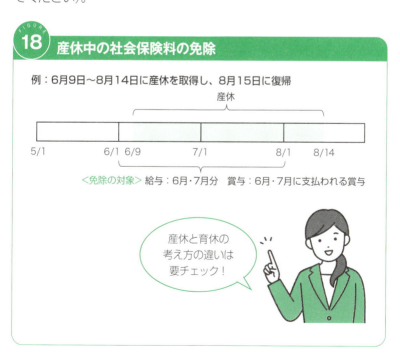

FIGURE 18 産休中の社会保険料の免除

例：6月9日〜8月14日に産休を取得し、8月15日に復帰

＜免除の対象＞ 給与：6月・7月分　賞与：6月・7月に支払われる賞与

産休と育休の考え方の違いは要チェック！

子どもを自分の扶養に入れたい

両親ともに、それぞれが会社の健康保険に加入していて、子どもが両方の健康保険の扶養に入れるようなときは、基本的に年収の多い方の扶養となります。

1 健康保険の被扶養者

社会保険では、従業員自身が「被保険者」として健康保険や厚生年金保険に加入するほか、一定の条件に当てはまる家族を、健康保険の**扶養**に入れることができます（**被扶養者**）。生まれたばかりの子どもは、一般的には収入もなく、親が育てることになるため、被扶養者とすることができます。

2 両親ともに扶養にできる場合

両親ともに会社で社会保険に加入しているときは、原則として、年収の多い方の健康保険の扶養に入れることになっています。そのため、夫婦の収入を比較した上で、年収の多い方の会社を通じて、子どもを扶養に入れる手続きをします。なお、育児休業を取ることで年収が一時的に逆転するような場合には、本来の年収が多い方の扶養に入れることになります。

3 扶養とするときの注意点

扶養ということばは、健康保険のほかにも様々な場面で出てきます。具体的には、健康保険における扶養のほか、所得税における扶養と、会社独自の制度としての**家族手当**における扶養があります。

所得税については、健康保険の被扶養者とは異なる考え方になっていますので、会社の総務担当者に確認したり、国税庁のホームページで確認したりするとよいでしょう。

　家族手当は、勤務する会社ごとに制度が違っています。制度がない会社もありますが、制度があるときには、「子どもが健康保険の被扶養者である従業員に支払う」となっていたり「子どもが所得税法上の扶養親族である従業員に支払う」となっていたりします。子どもの扶養の手続きをするときには、このような家族手当が支払われる仕組みも、会社の就業規則等で確認するとよいでしょう。

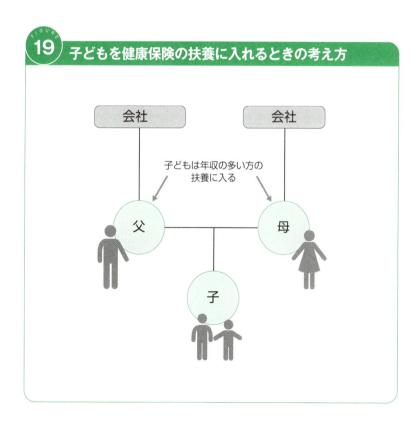

FIGURE 19　子どもを健康保険の扶養に入れるときの考え方

産休復帰後の社会保険料の負担が大きいときは？

産休復帰後には、従業員の希望により、通常の社会保険の見直しとは別に、復帰したとき独自の見直しができます。見直しを行うと復帰後4ヶ月目から新しい社会保険料の額になり負担が軽減されます。

1 社会保険料の額を見直す仕組み

産前産後休業（産休）から復帰したときに、基本給をはじめとした給与の額は変わらないものの、残業がないといった理由や育児短時間勤務制度を利用する（短くなる時間分の給与が支払われない）といった理由から、給与額が産休前と比較して低くなることがあります。その結果、産休前より社会保険料（健康保険料、介護保険料および厚生年金保険料）の負担が大きく感じることがあります。

本来であれば、社会保険料の見直しは、一定の条件にあてはまらない限り行わないのですが、産休から復帰したときには、復帰した月から3ヶ月間に支払われた給与の額を平均し、復帰後4ヶ月目から社会保険料の額を見直すことができる仕組みがあります（産前産後休業終了時の報酬月額の変更）。

2 社会保険料の変更のタイミング

社会保険料は給与から控除（天引き）されますが、天引きのタイミングによっては、通常、1ヶ月遅れ（前月分を当月の給与から天引き）となっているため、復帰後5ヶ月目に支払われる給与から社会保険料の額が変わることになります。

なお、育休から復帰したときにも「育児休業復帰後の改定」として似通った仕組みがあります。全体的な仕組みは、5-5を確認してください。

FIGURE 20 産休復帰後の社会保険料の見直し

産休から復帰
↓
給与の支給額が減る
↓
従業員の希望により会社が手続き
↓
4ヶ月目より社会保険料変更

産休復帰後の保険料の見直しをするかどうかは従業員が決めることになります。

MEMO

育児休業の取得

　育児休業を取るときは、取るタイミングや期間を理解しておくことが大切です。また、共働きの場合、誰がいつ取るか配偶者と相談しておくことも必要となります。本章では、育児休業の概要や取得方法、取得時の注意点などについて解説します。

育児休業とはどのような休業か

育児休業は、従業員が会社に申し出ることで、原則子どもが1歳になるまで取ることができる休業です。

1 育児休業と出生時育児休業

育児休業とは、養育する子どもが1歳になるまでの期間で、従業員が希望し、会社に申し出ることで取ることができる休業です。

子どもが生まれる予定の日（出産予定日）から、子どもが1歳になるまで取ることができる「育児休業」と、主に男性が育児休業を取ることを推奨するために作られた、出生日（出産予定日）から数えて8週間以内に28日間まで取ることができる「**出生時育児休業**」（通称：**産後パパ育休**）があります。2つまとめて「育児休業」といわれることも多く、本書でも分けずに書いている部分もありますが、育児休業と産後パパ育休には図表21のような違いがあります。

2 産休と育休の関係

養子縁組等を除き、女性は出産をすることで、2-1で解説した産後休業を必ず取ることになり、産後休業が終了してから育児休業を取ることになります。

このとき、子どもが養子の場合には、女性も産後休業を取ることなく、産後休業にあたる期間から育児休業を取ることができます。なお、本書では読みやすさやわかりやすさを優先し、女性は出産したケースを前提に書くことにします。

21 出生時育児休業と育児休業の違い

	出生時育児休業	育児休業
期間	出生日（出産予定日）から8週間以内	出生日（出産予定日）から子どもが1歳になるまで
日数（上限）	28日間	特になし
分割取得	2回まで	2回まで
分割取得の申出	2回まとめて申出	取得の都度申出
取得時の申出	原則休業の2週間前まで	原則休業の1ヶ月前まで
育児休業中の就業	可能（就業するための様々な条件あり）	原則不可

育児休業は、従業員に取る権利があるお休みです。

Column
時折目にする「養育」ってどういう意味？

「養育」とは、「同居し監護*する」という意味です。そのため、離婚して別居している子どもに対しての育児休業は取ることができません。なお、病気や旅行で短期間同居していない状況であっても「養育していること」に変わりはありません。

***監護** 民法第820条に規定する監護と同義。

育児休業を取ることができる期間

育児休業は、従業員が会社に申し出た期間取ることができます。

1　育児休業の取得期間

　育児休業は、従業員が会社に申し出た期間、取ることができます。また、出生時育児休業と、育児休業のそれぞれで2回に分けて取ることができます。

　女性・男性に分けて育児休業を取る事例は図表22のとおりです。男性が、子どもが生まれる予定の日（出産予定日）から数えて8週間以内に休業を取るときには、取る日数によっては出生時育児休業と、育児休業のいずれも取ることができます。会社に申し出るときは、出生時育児休業と、育児休業のどちらを取るのかを伝える必要があります。

2　両親ともに育児休業を取れる

　育児休業は、配偶者が専業主婦（夫）であったり、育児休業を取っていたりするときでも取ることができます。例えば、両親ともに同じ時期に育児休業を取り、母親は育児を中心に担い、父親は家事を中心に担うという役割分担も考えられます。両親が別の会社で働いているときはもちろん、同じ会社で働いているときも両親ともに同時期に取ることができます。

FIGURE 22 育児休業の取得事例

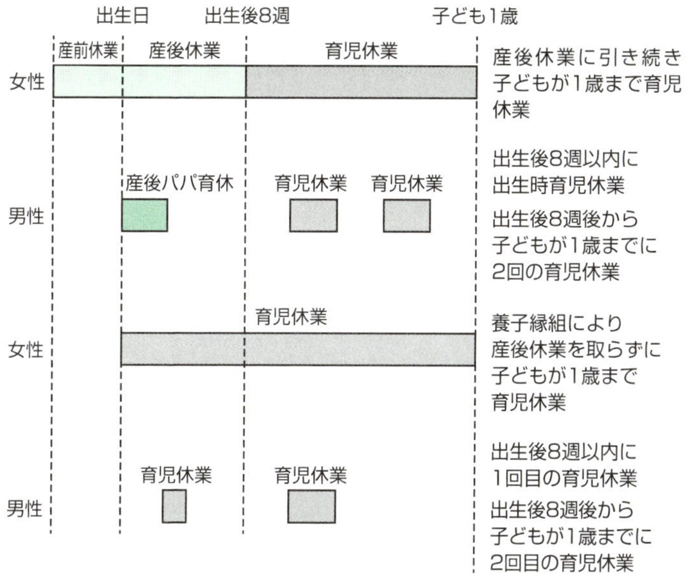

	出生日 出生後8週 子ども1歳	
女性	産前休業 / 産後休業 / 育児休業	産後休業に引き続き子どもが1歳まで育児休業
男性	産後パパ育休 / 育児休業 育児休業	出生後8週以内に出生時育児休業 出生後8週後から子どもが1歳までに2回の育児休業
女性	育児休業	養子縁組により産後休業を取らずに子どもが1歳まで育児休業
男性	育児休業 / 育児休業	出生後8週以内に1回目の育児休業 出生後8週後から子どもが1歳までに2回目の育児休業

CHAPTER 4 育児休業の取得

Column

出産予定日に子どもが生まれていないときは？

　出生時育児休業や育児休業は、子どもが生まれる予定の日（出産予定日）から取ることができます。出産予定日を育児休業等の開始日として申し出ているときは、子どもが生まれていなくても休業が始まります。子どもが生まれていないからという理由で、開始日を繰り下げる必要はありません。

子どもが1歳2ヶ月になるまで取れる育休とは？

両親ともに育児休業を取るときは、育児休業を取れる期間が子どもが1歳2ヶ月までとなるパパ・ママ育休プラスの制度があります。

1 パパ・ママ育休プラスの制度

育児休業は、子どもが1歳になるまで取ることができます。これに加え、両親（パパ・ママ）ともに育児休業を取る場合には、子どもが1歳2ヶ月になるまで育児休業を取ることができる制度があります（**パパ・ママ育休プラス**）。

パパ・ママ育休プラスの制度を利用するには、以下の条件に沿った育児休業を取る必要があります。

> ①配偶者が、子どもが1歳になるまでに、育児休業（出生時育児休業を含む）を取っている
> ②本人の育児休業を開始する日が、子どもの1歳の誕生日以前である
> ③本人の育児休業を開始する日が、配偶者の育児休業（出生時育児休業を含む）の初日以降である

従業員1人が取れる育児休業（出生時育児休業を含む）の日数は1年間（育児休業の延長・再延長を除く）であり、産後休業を取った女性の場合、産後休業期間も含め1年間となります。そのため、産後休業に引き続き、子どもが1歳になるまで育児休業を取った女性は、パパ・ママ育休プラスの対象になったとしても1歳2ヶ月まで取ることはできません。

2 配偶者が公務員の場合

配偶者が育児休業を取っているというのは、公務員の配偶者が法令に基づく育児休業を取っている場合も含むことになっています。

3 パパ・ママ育休プラスと社会保険制度

第5章で育児休業に関わるお金の制度の解説をしています。原則、子どもが1歳になるまでの育児休業や、育児休業の延長や再延長についての解説になっていますが、パパ・ママ育休プラスの制度を利用したときも、制度の対象になります。

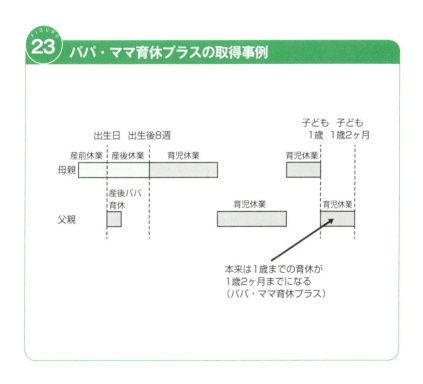

FIGURE 23 パパ・ママ育休プラスの取得事例

育児休業はアルバイトでも取ることができるのか

育児休業は、一部の従業員を除き、正社員だけでなく、アルバイトやパートタイマーでも取ることができます。

1 育児休業を取ることができる人

育児休業は、性別、年齢、雇用区分（正社員、契約社員、アルバイト、パートタイマーという違い）に関係なく、会社と雇用契約をしている人は取ることができます（日雇いで働く人を除く）。

ただし、育児休業は、長い職業生活の中で、本来の雇用契約の内容としては「働くこととなっている日」について、一時的に休むことが認められる制度です。そのため、契約社員のように有期契約を結んでいる人で、子どもが1歳6ヶ月になるまでに、契約が終了する（契約更新がされないことが明らかになっている）ときには、長い間継続して働くとはいえないため、育児休業を取ることができません。

このほか、勤務する会社によっては、会社に入社して1年未満の人や、1週間の働くこととなっている日数が2日以下の人などが、育児休業を取りたいと会社に申し出たとしても、会社にその申し出を断られることがあります。

2 育児休業を取る方法

育児休業を取るときは、事前に会社に申し出ることが必要です。法令では、育児休業を取り始める予定の日の1ヶ月前までに、出生時育児休業（産後パパ育休）を取り始める予定の日の2週間前までに、申し出ることが原則になっています。なお、一部の会社は、産後パ

パ育休について、最長1ヶ月前までに申し出ることとしています。正確な申出の期限は、就業規則（育児・介護休業規程等）を確認するとよいでしょう。

仮に申出の期限に間に合わなかったときは、会社から産後パパ育休や育児休業の開始日を指定されることがあります。申出の日が遅くなったからといって、産後パパ育休や育児休業が取れなくなるわけではありません。

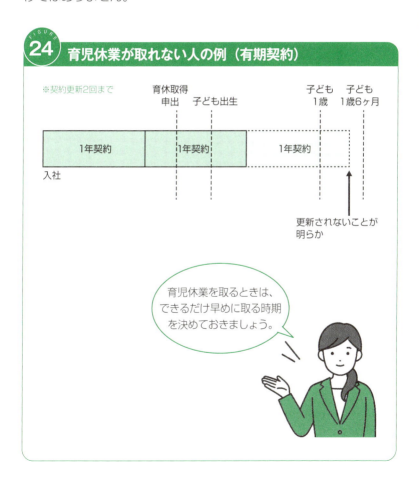

FIGURE 24 育児休業が取れない人の例（有期契約）

育児休業を取るかをいつ決める?

育児休業を取るかは、従業員本人が決めることですが、会社は妊娠や出産等について報告があったときに、育児休業を取るかの確認を従業員に対し行うことになっています。すぐに返答する必要はないため、よく検討して決めましょう。

1 育児休業等の個別周知・意向確認

会社は従業員から、従業員や従業員の配偶者が、妊娠したこと、出産したことの報告を受けた場合、その従業員に出生時育児休業や育児休業(育児休業等)の制度について説明したり(**個別周知**)、個別に育児休業等を取る意向があるかを確認したり(**意向確認**)することになっています。

会社からの確認があると、すぐに育児休業等を取るかを決めなければならないように感じますが、必ずしもそのときに決める必要はありません。意向を確認されたときは、そのときの予定を伝えるようにしましょう。仮に、予定が変更となるのであれば、変更の内容を伝えることで、会社は業務や人員の調整を進めることができるため、できるだけ早めに伝えることが望ましいです。

2 個別周知・意向確認の方法

個別周知や意向確認は、上司や総務担当者との面談のほか、書面や電子メールでやり取りされることがあります。図表25が様式例の1つですが、育児休業等の制度の概要と、雇用保険や社会保険の制度の説明もあります。育児休業等について不明点があればこのタイミングで確認しておくとよいでしょう。

FIGURE 25 個別周知・意向確認の様式例

仕事と育児の両立を進めよう！

育児休業は、原則 1 歳になるまで取得できる制度です。夫婦で協力して育児をするため積極的に取得しましょう。

【男性が育児休業を取得するメリット】
- 夫のメリット・・・子どもと一緒に過ごす時間の確保、育児・家事スキルの向上、これまでの業務の進め方を見直すきっかけ、時間管理能力・効率的な働き方が身につく
- 妻のメリット・・・育児不安やストレス軽減、就労継続・昇進意欲・社会復帰への意欲の維持
- 職場のメリット・・・仕事の進め方・働き方を見直すきっかけ、職場の結束が強まり「お互い様」でサポートしあう関係が構築（育児休業だけでなく、病気による入院や介護休業等で不在になる可能性も）、雇用環境の改善による離職率の低下・応募者の増加

1．育児休業（育休）は性別を問わず取得できます。

対象者	労働者。※配偶者が専業主婦（夫）でも取得できます。夫婦同時に取得できます。有期契約労働者の方は、申出時点で、子が 1 歳 6 か月を経過する日までに労働契約期間が満了し、更新されないことが明らかでない場合取得できます。 <対象外>（対象外の労働者を労使協定で締結している場合の例） ①入社 1 年未満の労働者　②申出の日から 1 年以内（1 歳 6 か月又は 2 歳までの育児休業の場合は 6 か月以内）に雇用関係が終了する労働者　③ 1 週間の所定労働日数が 2 日以下の労働者
期間	原則、子が 1 歳に達する日（1 歳の誕生日の前日）までの間の労働者が希望する期間。なお、配偶者が育児休業をしている場合は、子が 1 歳 2 か月に達するまで出産日と産後休業期間と育児休業期間と出生時育児休業を合計して 1 年間以内の休業が可能（パパ・ママ育休プラス）。 保育所等に入所できない等の理由がある場合は最長が 2 歳に達する日（2 歳の誕生日の前日）まで延長可能。
申出期限	原則休業の 1 か月前までに●●部□□係に申し出てください。
分割取得	令和 4 年 10 月以降分割して 2 回取得可能

2．出生時育児休業(産後パパ育休)は男性の育児休業取得を促進する制度です。（令和 4 年 10 月 1 日スタート）

対象者	男性労働者。なお、養子の場合等は女性も取得できます。※配偶者が専業主婦（夫）でも取得できます。 有期契約労働者の方は、申出時点で、出生後 8 週間を経過する日の翌日から起算して 6 か月を経過する日までに労働契約期間が満了し、更新されないことが明らかでない場合取得できます。 <対象外>（対象外の労働者を労使協定で締結している場合の例） ①入社 1 年未満の労働者　②申出の日から 8 週間以内に雇用関係が終了する労働者 ③ 1 週間の所定労働日数が 2 日以下の労働者
期間	子の出生後 8 週間以内に 4 週間までの間の労働者が希望する期間。
申出期限	（2 週間前とする場合の記載例）原則休業の 2 週間前までに●●部□□係に申し出てください。 （労使協定を締結し、1 か月前とする場合の記載例）原則休業の 1 か月前までに●●部□□係に申し出てください。※当社では、育児・介護休業法で義務づけられている内容を上回る措置の実施（①研修の実施、②相談窓口の設置）等を労使協定で締結し、申出期限を 1 か月前までとしています。
分割取得	分割して 2 回取得可能（まとめて申し出ることが必要）
休業中の就業 (※)	調整等が必要ですので、希望する場合、まずは●●部□□係にご相談ください。

（※）休業中の就業について労使協定を締結していない場合記載は不要です。

~知っておこう産後の気分の不調~
出産後多くの方は、気分の落ち込みなどの抑うつ気分をはじめとするいわゆる「マタニティ・ブルーズ」を経験します。一過性のことがほとんどですが、2 週間以上続く場合は「産後うつ病」である可能性があるため、早めに医療機関や市町村窓口へ相談してください。
出産後は周囲のサポートが重要です。育児休業を有効に活用しましょう。

（裏面あり）

出所：厚生労働省のホームページ

育児休業、出生時育児休業には、給付の支給や社会保険料免除があります。

育児休業給付

育児休業（出生時育児休業を含む）を取得し、受給資格を満たしていれば、原則として休業開始時の賃金の67％（180日経過後は50％）の育児休業給付を受けることができます。

育児休業期間中の社会保険料の免除

一定の要件（その月の末日が育児休業（出生時育児休業を含む、以下同じ）期間中である場合（令和4年10月以降はこれに加えてその月中に14日以上育児休業を取得した場合、賞与に係る保険料については1か月を超える育児休業を取得した場合））を満たしていれば、育児休業をしている間の社会保険料が被保険者本人負担分及び事業主負担分ともに免除されます。

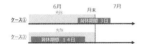

育児休業、出生時育児休業以外の両立支援制度も積極的にご利用ください！
社長からのメッセージ「□□□□□□□□□□□□□□□□□□□□□□□□□□」
～我が社の目標～
男性の育児休業・出生時育児休業取得率●●％以上、平均●か月以上
女性の育児休業取得率●●％以上

育児短時間勤務制度 (注)	3歳に満たない子を養育する場合、1日の所定労働時間を6時間に短縮することができる制度
所定外労働の制限	3歳に満たない子を養育する場合、所定外労働を制限することを請求できる制度
時間外労働の制限	小学校就学前の子を養育する場合、時間外労働を1月24時間、1年150時間以内に制限することを請求できる制度
深夜業の制限	小学校就学前の子を養育する場合、午後10時から午前5時の深夜業を制限することを請求できる制度
子の看護休暇	小学校就学前の子を養育する場合、1年に5日（子が2人の場合は10日）まで、病気・けがをした子の看護又は子に予防接種・健康診断を受けさせるための休暇制度（時間単位の休暇も可）。

(注) 一部又は全部の労働者について、「業務の性質又は業務の実施体制に照らして、所定労働時間の短縮措置を講ずることが困難と認められる業務に従事する労働者」として労使協定により適用除外としている場合、代替措置を記載してください。

当社では、育児休業等の申出をしたこと又は取得したことを理由として不利益な取扱いをすることはありません。
また、妊娠・出産、育児休業等に関するハラスメント行為を許しません。

育児休業・出生時育児休業の取得の意向について、以下を記載し、このページのコピーを、　年　月　日までに、●●部□□係へ提出してください。

該当するものに○	
	育児休業を取得する。
	出生時育児休業を取得する。
	取得する意向はない。
	検討中

（注）男性については、育児休業も出生時育児休業も取得することができます。

【提出日】　●年●月●日
【提出者】　所属　□□部△△課
　　　　　　氏名　◆◆　◆◆

子どもが1歳のときに保育園に預けられなかったときは？

育児休業から復帰するにあたり、子どもを保育園に預けられなかったときは、子どもが1歳6ヶ月になるまで、育児休業を延長することができます。

1 育児休業の延長

4-1で解説したとおり育児休業は、原則として子どもが1歳になるまで取ることができる休業です。育児休業期間を変更（一定の条件があります）しなければ、最初に会社に申し出た育児休業の期間が終わると、復帰をすることになります。

多くの人は子どもを保育園に預けて、育児休業から復帰をすることになりますが、保育園の状況によっては、定員超過のため、預けられないこともあります。そこで、子どもが1歳になるときに、保育園に預けることができないといった理由があるときは、子どもが1歳6ヶ月になるまで育児休業を延長することができます（**育児休業の延長**）。

2 会社独自の育児休業と育児休業給付金

法令では、原則子どもが1歳になるまでの期間を育児休業としていますが、会社によっては、育児休業の最初から、「子どもが1歳6ヶ月になるまで」や、「子どもが3歳になるまで」といった、法令で定められた期間を上回る期間の育児休業を認めていることもあります。このように法令を上回る期間を設定し、従業員の希望に応じて取れるようにすることは、特に問題になりません。

ただし、5-6で解説する育児休業給付金の延長は、子どもが1歳になるときに保育園に預けられないといった、1歳になったあとも育児休業を取らなければならない理由があったときに支払われるものです。育児休業の当初から、子どもが1歳6ヶ月になるまでの育児休業を申し出ているときは、子どもが1歳になるときまでしか支払われません（図表26参照）。

3　保育園に預けられないときとは

「保育園に預けられないとき」とは、実際に保育園の入所の申し込みをしたにもかかわらず、入所できないことを想定しています。例えば市区町村役場に問い合わせたところ、入所は難しいと説明を受けたため、実際の申し込みを行わなかったような場合は、保育園に入所できなかったということになりません。

また**保育園**とは、**認可保育所**を指し、いわゆる**無認可保育所**のみに申し込み、入れないといったときは、育児休業の延長をすることはできません。

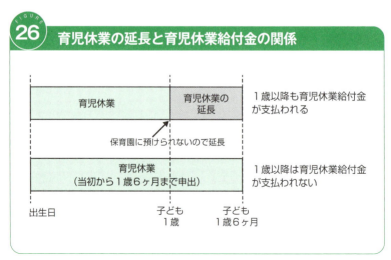

図表26　育児休業の延長と育児休業給付金の関係

子どもが1歳6ヶ月のときにも保育園に預けられなかったときは？

子どもが1歳6ヶ月になるまで育児休業を延長したものの、子どもが1歳6ヶ月のときにも保育園に預けられなかったときは、子どもが2歳になるまで、育児休業を再度、延長することができます。

1 育児休業の再延長

子どもが1歳6ヶ月になるまで育児休業の延長をしても、1歳6ヶ月になるときに、保育園に預けることができないといった理由があるときは、子どもが2歳になるまで育児休業を再度、延長することができます（**育児休業の再延長**）。あくまでも1歳になるとき、1歳6ヶ月になるとき、それぞれの時点で判断されるため、1歳になるときに保育園に預けることができないという理由で、最初から2歳になるまで延長できるわけではありません。

2 夫婦交代での育児休業取得

出生時育児休業や子どもが1歳になるまでの育児休業は、取ることができる範囲内であれば、いつから（開始日）いつまで（終了日）取るかを従業員が決めることができます。一方の育児休業の延長・再延長は、開始日について、以下のいずれかに決められています。

①子どもが1歳になるときから（延長）または子どもが1歳6ヶ月になるときから（再延長）
②配偶者が育児休業の延長・再延長をしているときは、配偶者の育児休業の延長・再延長が終わる日以前から

つまり、育児休業の延長・再延長の期間は、夫婦ともに取るか、交代（一部重複を含む）で取るかという選択になります。終了日にはこのような決まりはないため、子どもが1歳6ヶ月または2歳になるまでの間で決めることができます。

なお、出生時育児休業や育児休業は、2回に分けて取ることができますが、育児休業の延長や再延長は各々1回に限り取ることができます。

3 育児休業の延長や再延長の理由

保育園に預けることができないという理由の他に、子どもが1歳や1歳6ヶ月になったあとに子どもを養育する予定であった配偶者が病気やケガになった場合や、配偶者と離婚し子どもを養育することとなった場合にも育児休業の延長や再延長ができます。また、例外的な理由があるときは、育児休業の延長や再延長を2回行うことができる場合もあります。ケースとしては少ないことから本書では詳細な解説を割愛します。

育児休業の延長・再延長は、両親のどちらかが育児休業を取って子どもの世話をしている状態にあることが求められます。

FIGURE 27 育児休業の延長・再延長の事例

例1 母親のみが延長・再延長

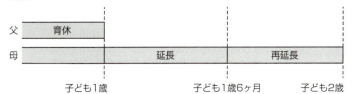

例2 父親と母親が延長・再延長で交代

例3 父親と母親が延長・再延長の途中で交代

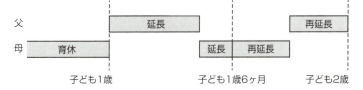

例4 父親と母親がともに・重複して延長・再延長

育休中に会社から少しだけ仕事を手伝ってほしいと連絡があった

育児休業中は、原則として働くことができません。ただし、出生時育児休業中は、あらかじめ会社と取り決めをした範囲内で働くことができることもあります。

1 育児休業中の就業の考え方

出生時育児休業や育児休業（育児休業等）は、雇用契約で決められた本来であれば「働く日」や「働く時間」であっても、法令で「働く必要がない（労働すべき義務が免除されている）」ことになります。そのため、育児休業等の期間中に、会社は従業員を働かせることができず、従業員も働くことができません。

2 育児休業中の就業の例外

様々な事情から、会社が育児休業等を取っている従業員に働いてほしいという状況が出てくることがあります。このときの考え方は、以下のようになっています。

①一時的・臨時的に働く（出生時育児休業・育児休業の両方）

例えば、職場で感染症が広まり、どうしても人手が足りなくなったというような場合に、会社が育児休業等を取っている従業員に一時的に働くことをお願いし、育児休業中の人も育児の合間に働くというようなことは認められています（**一時的・臨時的就業**）。

あくまでも、一時的で臨時的に働くことができるものであり、例えば「育児休業中も毎週火曜日は在宅勤務する」というように、定期的・恒常的に働くことは認められません（**定期的・恒常的就業**）。

定期的・恒常的就業と判断されると、育児休業が終了したと判断されるため、5-1や5-3で解説する給付金が支払われないこともあります。

②育児休業前に予定した日に働く（出生時育児休業のみ）

例えば、「出生時育児休業を取る予定の日に、出生時育児休業中であっても対応したほうがよい商談がある」というような場合、会社と出生時育児休業を取る従業員の間であらかじめ対応すること（働くこと）を予定すれば、一定の範囲内で働くことができます。

この出生時育児休業中の就業は、会社と従業員双方で準備しておく必要があります。「出生時育児休業中は自由に働くことができる」というわけではありません。

なお、働いた時間に対する給与は、支払われた額に応じて、5-1で解説する出生時育児休業給付金の額が減額されることがあるほか、5-4で解説する社会保険料の免除としてカウントする日数にも影響が出てきます。このような留意点について事前に確認しておく必要があります。

※「就業」は「就労」と表現されることもありますが、本書では「就業」に統一しています。

FIGURE 28 育児休業等の期間中の就業

○：状況によっては可能　×：不可　△：会社の定めによる

	出生時育児休業	育児休業
一時的・臨時的就業	○	○
定期的・恒常的就業	○（要事前手続き）	×
他社での就業	△	△

育休中に近くのコンビニでアルバイトをしたい

育児休業は、育児をするための休業であるため、他社でアルバイトをするときには、事前に会社に確認が必要です。

　出生時育児休業や育児休業（育児休業等）中の従業員で、育児から手が離れる時間に他社でアルバイト等をすることを考える人もいます。育児休業等は子どもの養育のために取っているので、本来は他社で働くことは考えられません。

　ただし、例えば副業が認められている会社で、副業先では育児休業等を取らずに働くことがあったり、夫婦ともに育児休業等を取ることで、育児の時間に余裕が出ることとなり、その結果、働く時間が作り出せたりすることもあります。育児休業等の期間中に他社で働くときには、事前に会社に報告や相談、場合によっては許可を得ておくとよいでしょう。仮に事前の会社への報告や相談、許可がない場合には、育児休業を取っている会社から懲戒処分を受けることになりかねません。会社としては、育児のために休んでいると認識しているため、その信頼関係を崩さないようにすることが重要です。

29 育児休業中の就業

○：就業可能　×：就業不可能　△：会社による

育児休業中	自社	一時的・臨時的	○
		定期的・恒常的	×(※)
	他社		△

※出生時育児休業中の事前手続きをしたものは可能

育児休業に関わる
お金の制度

　育児休業を取ることで給与が支払われない場合に、社会保険の制度から支払われるお金や、社会保険料が免除となる仕組みなどがあります。こうした制度や仕組みを理解し活用できれば、育児休業中の収入減少に対する不安も軽減できます。本章では育児休業に関わるお金の知識や制度、利用時の注意点などについて解説します。

育児休業中にもらえるお金とは

育児休業中に給与が支払われない従業員には、雇用保険から「出生時育児休業給付金」や「育児休業給付金」が支払われます。

1 育児休業給付の制度

　出生時育児休業（産後パパ育休）中や育児休業中は休んでいる（働いていない）ため、会社には給与を支払う義務がありません。そのため、多くの会社では、育児休業等の期間について、給与を支払わないこととしています（無給）。

　その期間の収入の補てんのために、雇用保険から**育児休業給付**として、現金が支払われます。対象となる人は、育児休業等を取る前に、一定期間、雇用保険に加入していた実績がある人です。給付金が支払われる対象になるかには細かな条件があります。

2 育児休業給付金等の申請手続き

　育児休業給付には図表30のように2種類あり、基本的には産後パパ育休を取るときは**出生時育児休業給付金**が支払われ、育児休業を取るときは**育児休業給付金**が支払われます。

　産後パパ育休を取ったときは、産後パパ育休が取れる期間である子どもの出生から8週間が過ぎたあとに、出生時育児休業給付金の手続きを行います。産後パパ育休を2回に分けて取ったときであっても、給付金の手続きは1回にまとめて行うことになっています。

育児休業を取ったときは、2ヶ月ごとに1回(従業員本人が希望すれば1ヶ月ごとに1回の手続きも可能)、手続きの対象となる期間を過ぎるごとに、育児休業給付金の手続きをすることができます。

　育児休業等を取った日数の実績により申請するため、給付金を前払いするような制度はありません。また、通常、会社を通じて手続きをします。

3 「1ヶ月」の考え方

　育児休業給付金は、育児休業を開始した日から1ヶ月を区切ることになります。そのため、1日〜31日（月末）のように決まりません。育児休業を取る従業員ごとに「1ヶ月」が決まります。

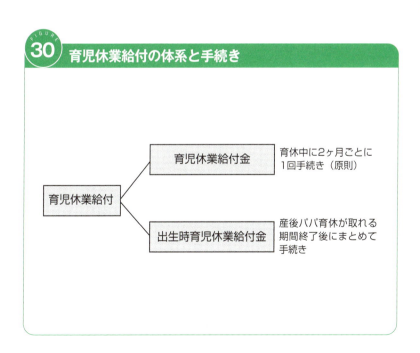

FIGURE 30　育児休業給付の体系と手続き

CHAPTER 5

2 育児休業中にもらえるお金の額

育児休業給付の額は、育児休業等を取り始めてから180日目までは休む前の給与の67%相当額、181日目からは50%相当額です。

1 育児休業を取る前の給与額の申請手続き

出生時育児休業給付金や育児休業給付金の額は、支払われていた給与の額から計算されます。そのため、育児休業等を取ったときには、ハローワークに育児休業等を取る前の給与の額を申請します。ハローワークでは、申請された内容をもとに、育児休業等を取る前の1日あたりに支払われていた給与額を計算します。

2 給付率の考え方

育児休業給付金等は、育児休業等を取った日数・期間に応じて支払われる額が決まります。図表31のように育児休業等を始めた日から通算180日目までは1日あたりに支払われていた給与額の67%が、通算181日目からは50%が支払われます。なお、育児休業給付金を計算する上で、1ヶ月のすべて育児休業を取ったときには、その1ヶ月の暦の日数に関わらず「30日」として計算されます。

支払われた日数をカウントするときには、育児休業給付の支払い対象となる子ども1人について、出生時育児休業（産後パパ育休）を取った日数と育児休業を取った日数の両方が通算されます。

そのため、産後パパ育休や育児休業を2回に分けて取ったり、産後パパ育休と育児休業の両方を取ったりするときには、対象となる子どもについて最初に取った休業から日数をカウントし、通算180

日を超えると1日あたりに支払われていた給与額の50%に給付率が引き下げられます（図表31の下の図を参照）。

3　1日あたりの額の上限額

1日あたりに支払われていた給与額には上限があるため、上限に達しているときは、1日あたりに支払われていた給与額の67%（50%）にならず、上限額となることもあります。上限額は毎年8月1日に変更されます。

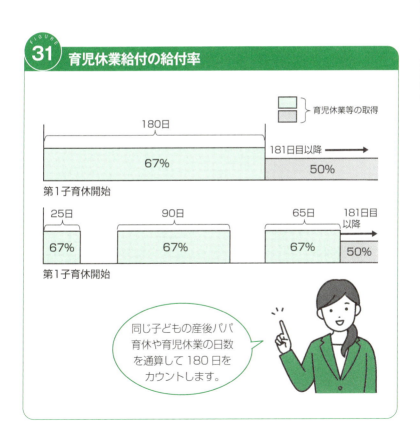

図表31　育児休業給付の給付率

育児休業給付に上乗せしてもらえるお金（2025年4月1日から）

2025年4月から、一定期間内に、両親ともに育児休業を取るときには、育児休業給付とは別に、13%上乗せで支払われる「出生後休業支援給付金」の制度が始まります。

1 対象となる休業

2025年4月1日より、新たに**出生後休業支援給付金**の制度が始まります。これは、子どもが生まれた直後の一定期間に、両親ともに14日以上の育児休業等を取る場合、育児休業給付金や出生時育児休業給付金に上乗せして支払われる給付金です（図表32参照）。

対象となる一定期間とは、以下の期間です。

・父親：子どもの出生後8週間以内
・母親：産後休業後8週間以内

2 出生後休業支援給付金の額

出生後休業支援給付金として上乗せ対象となる休業日数と給付金は、最大28日間、1日あたりに支払われていた給与額の13%です。育児休業給付の67%と合わせると、合計80%が支払われることになります。これに5-4で解説する社会保険料が免除になることや、育児休業給付金や出生後休業支援給付金が非課税であること等も踏まえると、手取りで10割相当が補てんされることになります。

なお、配偶者が専業主婦（夫）の場合や、ひとり親の家庭の場合では、そもそも両親ともに育児休業等を取ることができないため、両親ともに育児休業等を取らなくても、出生後休業支援給付金が支払われる仕組みになる予定です。

配偶者が育児休業を取っていることの証明方法など現時点では不明な点がありますので、取扱いや手続きの詳細は、今後の公表を待ちましょう。

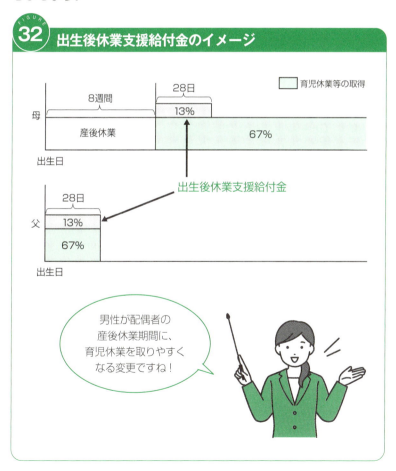

FIGURE 32 出生後休業支援給付金のイメージ

育児休業中の社会保険料は支払わなくてもよい

育児休業中は、手続きをすることで社会保険料が免除となる仕組みがあります。免除されている期間は保険料を納めたことになるため、健康保険証はそのまま利用でき、将来の年金額の計算では保険料を払ったものとして反映されます。

※本節の1〜4は会社で社会保険に入っている人に関する内容です。

1 社会保険料の負担と免除

会社で社会保険に加入すると、給与からの控除（天引き）により社会保険料を支払うことになります。ただし、出生時育児休業や育児休業（育児休業等）を取っている間の社会保険料（**健康保険料、介護保険料**および**厚生年金保険料**）は、産前産後休業（産休）を取るときと同じように会社が保険料の免除の手続きをすると、従業員が負担する保険料と会社が負担する保険料の両方が免除されます。ただし、社会保険料が免除となる仕組みは、産休（3-8参照）と育児休業等とで少し違いがあります。

なお、雇用保険料については産休と同様に、給与が支払われなければ、保険料が発生しないため負担もありません。

2 育休中に免除となる保険料（給与）

産休中の保険料の免除は、産休の期間に関わらず、月末に産休を取るかで判断します（3-9参照）。育児休業等の保険料の免除は、育児休業等の期間と育児休業等を取るタイミングによって、免除の対象となる保険料が右上のように変わります。

●1ヶ月ごとに発生する保険料

a. 月末に育児休業を取った月の保険料が免除となる。
　例①：8月29日〜9月3日まで育児休業を取る
　　　→8月分が免除の対象となる
b. 月中で14日以上の育児休業を取った月の保険料が免除となる。
　例②：8月15日〜8月28日まで育児休業を取る
　　　→8月分が免除の対象となる

　なお、月中で14日以上とは、1ヶ月（1日〜末日）の中に、育児休業等の開始日と終了日がある月のことをいいます。

　そのため、8月29日〜9月20日に育児休業を取っている（9月中に14日の育児休業を取っている）としても、9月分の保険料は免除になりません。

33 育児休業中の給与に対する保険料免除

3 育休中に免除となる保険料（賞与）

賞与に対する保険料の免除については以下のとおりになります。

●**賞与が支払われたときに発生する保険料**
1ヶ月を "超える" 育児休業を取ったときに、月末に育児休業を取った月に支払われる賞与の保険料が免除となる。
例①：8月15日〜9月20日まで育児休業を取る
　　　→8月に支払われる賞与が免除の対象となる

賞与に対する保険料の免除は、1ヶ月を超える育児休業を取っており、その育児休業期間中で月末が育児休業を取っている月に支給される賞与が対象になります。

そのため、図表34の例①で8月10日に賞与が支払われるときも免除されます。一方で9月15日に賞与が支払われるときは免除されません。賞与が支払われる日に育児休業を取っているかどうかは関係ありません。

34 育児休業中の賞与に対する保険料免除

賞与の保険料

例①

| | 育児休業 | |
8/1　　8/15　　　　　　　　　　9/20 9/30

8月支給賞与が
免除対象

例②

| | 育児休業 | |
8/1　　8/15　　　　　　　9/14　　9/30

免除されない
（1ヶ月を超えて
いないため）

4　保険料免除の役割

　保険料の免除とは、社会保険に加入している中で、保険料の"支払い"が免除されるものであり、育児休業等の期間中も社会保険の加入は継続します。そのため、育児休業等の期間中も育児休業等の前と同様に健康保険証は利用でき、また、将来受け取る年金額の計算においても、保険料を支払ったものとして扱われます。会社が手続きをするという少しの手間はあるものの、保険料が免除されることで従業員や会社にとって不利になることはありません。

5　国民健康保険料・国民年金保険料の扱い

　3-8で解説した産休とは違い、国民健康保険料および国民年金保険料は育児休業中でも支払う必要があります。ただし、2026年10月1日より国民年金保険料についてのみ負担がなくなる仕組みが始まります。

Column

会社の休みに
育休を取るってあり？

　育児休業の開始日や終了日は従業員が決めることができます。開始日や終了日が会社の休日（雇用契約で働かない日）であっても問題ありません。ただし、育児休業の日全部が会社の休日のときには育児休業になりません。

育児休業復帰後の社会保険料の負担が大きいときは？

育児休業復帰後には、従業員の希望により、通常の社会保険料の見直しとは別に、復帰したとき独自の見直しができます。見直しを行うと復帰後4ヶ月目から新しい社会保険料の額になり、負担が軽減されます。

1 社会保険料の額を見直す仕組み

社会保険料のうち、雇用保険料の額は支払われた給与の額に雇用保険料率を乗じて、1回ごとに決まる仕組みです。給与が支払われる都度、その給与の額に応じて雇用保険料の額も決まります。

健康保険料、介護保険料および厚生年金保険料は、まったく違う仕組みであり、通常毎年1回の見直しにより、毎月負担する保険料が決まります。見直しは、毎年4月・5月・6月に支払われた給与の額を平均することにより行い、その年の9月以降の保険料から変更となります（**定時決定／算定基礎**）。

ただし、基本給や各種手当（毎月、固定で支払われるもの）の額が変わったときなどで、変わった月から3ヶ月間の給与の平均額に大きな変動があったときには、4ヶ月目の保険料から見直されることがあります（**随時改定／月額変更**）。

これらの仕組みの詳細な解説は、本書では割愛しますが、随時改定は、固定で支払われるものが変わったとき等の一定の前提が必要になります。

2 育児休業復帰後の保険料見直し

　育児休業等から復帰したあとに、育児休業等を取る前とは違った働き方となることはよくある話です。ただし、保険料の見直しは、基本的に1年に1回の定時決定であり、復帰をして給与の額（固定で支払われるもの）に変更がなければ、随時改定による保険料の見直しは行われません。

　そのため、育児休業等から復帰したときには、復帰した月から3ヶ月間に支払われた給与の額を平均し、復帰後4ヶ月目から社会保険料の額を見直すことができる仕組みがあります（育児休業等終了時の報酬月額変更）。

　育児休業等から復帰してすぐに見直されるわけではありませんが、保険料の見直しが通常の見直しよりも早く行われるため、保険料の負担は軽減されることになります。ただし、保険料を見直すことで、連動して健康保険から支払われる傷病手当金や出産手当金の額が減ったり、将来の年金額に影響を与えたり（減ったり）することもありますので、事前に理解した上で手続きをすることが必要です。この仕組みは、従業員が希望したときに行うものであり、必ず行わなければならないものではありません。手続きは会社を通して行うため、気になるときは、まずは会社の総務担当者に相談するとよいでしょう。

保険料の見直しで負担は軽くなるけど、次にすぐ出産を考えているようなときは、出産手当金が減ってしまうかもしれないので慎重に！

育児休業を延長したら給付金はどうなる？

子どもを保育園に預けることができないため、育児休業を延長したときは、育児休業給付金も延長して支払われます。

1 育児休業給付金の延長

育児休業給付金は原則として、子どもが1歳になるまでしか支払われません。ただし、子どもが1歳になるときに、保育園に預けることができないといった一定の理由があるときには、子どもが1歳6ヶ月になるまでの延長した期間について支払われます。

このときの「保育園」とは、児童福祉法第39条に定める保育所であり、いわゆる**「無認可保育所」は含まれません**。また、子どもが1歳になった翌日（1歳の誕生日）以前を入園の希望日とし、1歳になる前までに入園の申し込みをする必要があります。

2 育児休業を延長できる理由

本書では、主に、子どもを保育園に預けられなかったときに育児休業を延長することを前提に書いています。ただし、育児休業や育児休業給付金が延長となるのは、子どもを保育園に預けられないときのほか、子どもが1歳になったあとに、配偶者が子どもを養育する予定であったところ、その配偶者と離婚したり、その配偶者が病気やケガで、子どもの養育が難しくなったりしたときなどもあります。やむを得ない事情が発生したときは、育児休業の延長ができないかを考え、会社の総務担当者に相談するとよいでしょう。

3 延長申請時の添付書類

育児休業給付金の延長申請をするときは、**保育所入所保留通知書**など、「市町村が発行した保育所等の入所保留の通知書など当面保育所等において保育が行われない事実を証明することができる書類」をハローワークに提出する必要があります。

また、2025年4月1日からは、次の書類を申請書とともに提出する必要があります。

①育児休業給付金支給対象期間延長事由認定申告書（図表35）
②保育所等の利用申し込みを行ったときの申込書の写し
③保育所等の利用ができない旨の通知（保育所入所保留通知書、保育所入所不承諾通知書など）

4 延長を申請するタイミング

育児休業給付金は、原則として2ヶ月に1回申請します。育児休業給付金を延長するときには、専用の様式があるわけではなく、子どもが1歳になったときの育児休業給付金の申請書で合わせて申請することになります。申請のタイミングは、次のいずれかになります。

・子どもが1歳になったあとで、子どもが1歳になる直前の期間の申請をするとき
・子どもが1歳になったあとで、子どもが1歳になったあとの期間も含んだ申請をするとき

子どもが1歳になる前に申請しても受け付けられないことがあることを確認しておきましょう。

FIGURE 35 育児休業給付金支給対象期間 延長事由認定申告書の様式（イメージ）

（第1面）　　　　　　　　　　　　育児休業給付金支給対象期間

延長事由認定申告書

（必ず第2面の注意書きをよく読んでから記載してください。なお、申告内容に疑義がある場合、公共職業安定所員が事業主、被保険者、市区町村等に対し、必要な事項について照会し、報告を受けることがあります。）

| 1 育児休業の対象となる子について、右の①②を記載してください。 | ① 子の氏名： |
| | ② 子の生年月日： 令和　　　　年　　　　月　　　　日 |

| 2 今回、延長を申請する期間について、右のア・イのうち、該当するものを選択してください。 | ☐ ア　1歳（注）～1歳6か月の期間 |
| | ☐ イ　1歳6か月～2歳の期間 |

3　保育所の利用（入所）申込みについて、以下①～⑧について選択又は記載してください。

☐ ア　はい

① 保育所等における保育の利用を希望し、市区町村に利用（入所）申込みをしましたか。	
② 利用（入所）申込みをした日：	令和　　　年　　　月　　　日
③ 利用（入所）開始希望日：	令和　　　年　　　月　　　日
④ 利用（入所）申込みに当たり、入所保留を積極的に希望する旨の意思表示をしていませんか。	☐ ア　していない　☐ イ　している
⑤ 利用（入所）保留の有効期限：	令和　　　年　　　月　　　日
⑥ 利用（入所）内定を辞退したことがありますか。	☐ ア　辞退したことはない　☐ イ　辞退したことがある

⑦ 利用（入所）申込みをした保育所等の中で、自宅から最も近隣の施設名と通所時間（片道）	施設名：
	通所方法：
	通所時間（片道）：　　　　　　分

⑧ 通所時間（片道）が30分以上の場合、その理由を次から選択してください。

☐ ア　申し込んだ保育所等が本人又は配偶者の通勤の途中で利用できる場所にあるため
☐ イ　自宅から30分未満で通える保育所等が存在しないため
☐ ウ　自宅から30分未満で通える保育所等では職場復帰後の勤務時間・勤務日に対応できないため
☐ エ　子に特別の配慮が必要であり、自宅から30分未満で通える保育所等では対応できないため
☐ オ　その他

☐ イ　いいえ

①及び⑧について、「いいえ」・「その他」を選択した場合は、第2面の注意書き（Ⅳ、Ⅺ）に従い、理由欄に記載してください。

（理由欄）

①、②及び④について、第2面の注意書きを（V、Ⅵ、Ⅸ）に従い、必要な場合は理由欄に記載してください。

（注）パパ・ママ育休プラス利用時は、「1歳に達する日後の育児休業終了日の翌日」または「1歳2か月に達する日の翌日」のいずれか早い日。

育児休業給付金の支給対象期間の延長事由について、上記のとおり申告します。

公共職業安定所長　殿　　　　　　被保険者　現住所　〒

令和　　　年　　　月　　　日　　　　　　　　　　氏　名

出所：厚生労働省のホームページ

CHAPTER 5-7 育休中に退職すると 育児休業給付金はどうなる？

育児休業を取るときに、退職を予定しているのであれば、育児休業給付金は支払われず、育児休業を取り始めてから退職することが決まったときは、一部の育児休業給付金が支払われません。

1 退職予定者の育児休業

育児休業は、育児休業からの復帰が前提になっています。そのため、育児休業を取るときに、あらかじめ退職することが決まっていたり、退職する予定をしていたりするときには、育児休業は取れません。この際、会社によっては、退職を予定していても、育児休業を取ることを認めることがあります。

2 退職が決まっているときの給付金の取扱い

育児休業給付金は、あらかじめ退職することが決まっていたり、退職を予定していたりするときには、会社で育児休業を取ることが認められており、実際に育児休業を取っていても、そもそも支払いの対象者になりません。

なお、育児休業を取り始めたあとに退職することとなったときには、雇用保険の資格喪失日の属する期間の1つ前の期間まで支払われることになります（図表36参照）。ただし、支給単位期間の最終日が退職日のときは、最後の支給単位期間まで支払われます。また、退職までに支払われた育児休業給付の返金は求められません。

3 社会保険料の免除は退職日まで対象

　退職が決まっていたり、育児休業の途中で退職が決まったりしたときには、育児休業給付金の一部が支払われないことがありますが、社会保険料の免除にはそのような取扱いはありません。

育児休業を延長したあとも社会保険料は免除になるか？

育児休業を延長したあとも、手続きをすることで社会保険料は免除されます。

1 手続きをすることで延長時も免除

育児休業中の社会保険料の取扱いについて、5-4で解説しました。育児休業を延長したときも、手続きをすることで社会保険料は引き続き免除されます。また、子どもが1歳6ヶ月になるときに保育園に預けることができないといった理由から、育児休業を再延長したときも、同様です。

社会保険料の免除は、育児休業を取る期間を指定して手続きをするため、育児休業の延長や再延長をしたときには、延長や再延長した期間ごとに再度手続きをすることになります。育児休業給付金の延長は、5-6で解説したように手続きが厳格化されており、必要な添付書類がありますが、社会保険料の免除の延長については添付書類は不要であり、会社が手続きをすることで対象となります。

FIGURE 37 育児休業中の社会保険料免除（延長）

	育児休業開始	子ども1歳	子ども1歳6ヶ月	子ども2歳
社会保険料	育児休業	延長	再延長	
	免除 ↓ 手続き	免除 ↓ 手続き	免除 ↓ 手続き	

会社に3歳までの育休制度がある場合の社会保険料の免除

会社に、子どもが3歳になるまで取れる育児休業制度があるときには、その制度を利用して育児休業を取っている期間について、社会保険料が免除になります。

1 育児休業期間と社会保険料の免除の期間

5-1で解説した育児休業給付金は、子どもが1歳になるときに、子どもを保育園に預けることができないといった理由があるときに、延長した期間について支払われます。そのため、当初から、子どもが1歳を超えるような期間の育児休業を取るときは、1歳になった以降の育児休業給付金は支払われません。

社会保険料の免除は、子どもが3歳になるまでの育児休業が対象のため、子どもが1歳になるときまたは1歳6ヶ月になるときに保育園に預けられないといった理由は必要ありません。そのため、会社が当初から3歳までの育児休業制度を整備しており、従業員が、その制度により子どもが3歳になるまでの育児休業を取るときには、その期間が社会保険料の免除の対象になります（図表38参照）。

2 社会保険料の免除の手続き

育児休業期間中の社会保険料の免除の手続きは、右上のように期間を分けて行うことになっています。手続きは、従業員から育児休業を取ることの申出を受けた会社が行うため、あまり意識する必要はありませんが、手続きが分けて行われることは知っておくとよいでしょう。

①子どもが1歳になるまでの育児休業
②子どもが1歳から1歳6ヶ月になるまでの育児休業
③子どもが1歳6ヶ月から2歳になるまでの育児休業
④子どもが1歳（②の場合は1歳6ヶ月、③の場合は2歳）から3歳になるまでの育児休業
⑤出生時育児休業

ちなみに、当初から子どもが3歳になるまでの育児休業を取るときは①と④の2回、手続きをすることになります。

育児休業中の社会保険料免除と育児休業給付金

① 育児休業の延長（1歳および1歳6ヶ月のときに保育園に預けられない等）

② 当初から3歳までの育児休業

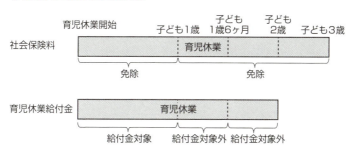

Column

育休の延長中に保育園に預けられることになったら？

❶早めに保育園に預けられることになったときの考え方

　子どもを保育園に預けられないといった理由から、育児休業の延長をしているときに、保育園に預けられるようになることがあります。育児休業は従業員が会社に申し出た期間（4-2「育児休業を取ることができる期間」参照）について取ることになっており、育児休業を延長したときも同じ扱いになります。

　つまり、育児休業の延長中に保育園に預けられることになったとしても、会社に申し出た期間、育児休業を取ることができます。

　反対に子どもを保育園に預けて早めに復帰したいというときであっても、会社は、従業員が申し出た期間について、休む前提で業務の役割分担や、派遣社員の手配など、何らかの対応をしていることがあるため、会社には保育園に預けられることになったという理由により復帰を早めることを認める義務はありません。

　保育園の利用申込をするときは、育児休業から復帰する日を念頭に利用を開始する希望日を考える必要があります。会社によっては復帰を早めることを認めていたり、歓迎したりすることもあるため、当初申し出た期間より復帰時期を早めたいときは、会社によく相談してください。

❷育児休業を取りながら保育園に子どもを預ける？

　保育園は、子どもを保育する人や保育できる人がいないときに、子どもを預かり保育します。そのため、育児休業を取っている間は、育児休業を取っている親が保育できることとなり、原則として子どもを預けることができません。

　2026年4月1日から始まる「こども誰でも通園制度」で今後の取扱いがどのようになるか、自治体からの情報を確認する必要があります。

仕事と育児の両立のための制度

　育児休業制度以外にも仕事と育児の両立のための制度には様々なものがあります。本章では仕事をしながら育児をする際によく出る疑問や悩みを取り上げながら、活用できる制度や制度利用時の注意点などを解説します。

仕事と育児の両立支援制度にはどのようなものがあるか

仕事と育児の両立を支援する制度には、育児休業の他にも様々なものがあります。利用できる制度は、養育する子どもの年齢によって違いがあります。

1 制度の利用と対象者

仕事と育児を両立する制度として会社が整備するものには複数あります（図表39参照）。

多くの制度で、対象となる年齢の子どもを養育している従業員が利用できるものになっています。ただし、日雇いで働いている人は利用できず、1週間の所定労働日数が2日以下の従業員や、入社1年未満の従業員は制度が利用できないとしている会社もあります。制度が利用できるか気になるときは、会社の就業規則（育児・介護休業規程等）を確認しましょう。

2 制度を利用するための請求・申出

制度は、従業員からの請求や申出があったときに利用できるとされています。一部、従業員の状況を見て様々な配慮をする会社（上司や同僚など）があるかもしれませんが、基本は従業員からの請求や申出がなければ、制度を利用することにはなりません。制度を利用するときは、制度の内容を理解した上で、就業規則に書かれている手順に沿って手続きが必要になります。

3 制度には見直しがつきもの

　少子化対策の一環などとして、仕事と育児の両立支援制度は頻繁に見直されています。実際に2025年4月にも変更が予定されているため、変更内容にも注目できるとよいでしょう。

FIGURE 39 仕事と育児の両立を支援する制度一覧

制度名	概要	子どもの年齢
子の看護休暇※	子どもの看護のために年間5日間（子どもが2人以上の場合10日間）取得できる休暇	小学校入学前
所定外労働の制限※	育児のため残業を免除する	3歳未満
時間外労働の制限	育児のため残業時間を制限する（1ヶ月24時間、1年150時間以内）	小学校入学前
深夜業の制限	育児のため深夜労働を制限する	小学校入学前
育児短時間勤務	育児のため所定労働時間を短縮する	3歳未満

※今後、法改正により制度の一部が変更になります。

働く女性が制度を利用しているように感じますが、性別に関わらず、働く男性も制度を利用できます。

子どもの保育園の送迎などのために短時間勤務にしたい

3歳未満の子どもを養育しながら働くときは、1日の労働時間を6時間とすることのできる「育児短時間勤務制度」*が利用できます。

*「育児時短勤務制度」と呼ばれることもあります。

1 育児短時間勤務制度

会社と従業員の間には雇用契約があり、たとえ仕事をしながら育児をしていても、雇用契約で決められた、働くことになっている日や時間について働くことが必要です。ただし、仕事と育児の両立を支援する制度の1つとして、3歳未満の子どもを養育する従業員は、**育児短時間勤務制度**を利用することができます。

育児短時間勤務制度とは、1日の働く時間（所定労働時間）を原則6時間とするものです。短時間勤務として働く"時刻"（例：午前9時から午後4時まで）を自由に決めたいと思うかもしれませんが、時刻は会社が決めることができます。そのため、会社が決めた時刻での勤務が求められることがあります。

会社の仕事と育児を支援する考え方によっては、1日5時間や7時間といった6時間以外の所定労働時間を選べたり、始業時刻や終業時刻を選べたりすることがあります。ただし、このような柔軟な制度をどこまで取り入れるかは、あくまでも会社の判断となります。

2 育児短時間勤務制度の手続き

育児短時間勤務制度は、1日単位ではなく、1ヶ月以上の期間を決めて、事前に会社に申し出ることになります。

細かなルールは、会社の就業規則（育児・介護休業規程等）で決められています。ルールを確認し、申し出ることが必要です。

3 育児短時間勤務と残業

会社が必要だと判断したときは、会社は従業員に残業（時間外労働）を指示することができ、従業員はその指示に従う必要があります。これは、育児短時間勤務制度を利用しているときでも同じです。「育児短時間勤務中は残業ができない」というときには、6-9で解説する残業の免除の制度の利用を申し出ます。

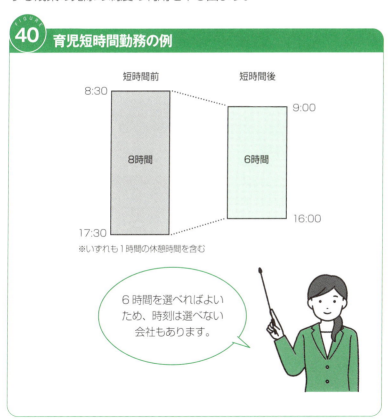

FIGURE 40 育児短時間勤務の例

※いずれも1時間の休憩時間を含む

6時間を選べばよいため、時刻は選べない会社もあります。

短時間勤務にしたときの給与はどうなる？

育児短時間勤務を利用したときは、多くの会社で働かなかった時間分の給与が減ることになります。

1 働く時間と給与

会社で働くときは、働いた時間を基本として給与が支払われます。そのため、育児短時間勤務により働く時間が短くなるとき、会社は働かないこととなった時間分の給与を従業員に支払う義務がありません。

ただし、働かないこととなった時間を超えて、より長い時間に対する給与を支払わないことは違法となります。

2 給与の減額方法

育児短時間勤務をする従業員の給与の額の決め方は、会社ごとに違います。働く時間が8時間から6時間に減るため、月で決める給与の額を、75％（6時間÷8時間）として支払うこともあれば、1ヶ月のうちで、本来の所定労働時間と比較して、育児短時間勤務により短くなった（働かなくなった）時間分の給与を減らして支払うこともあります。

また、給与は基本給と各種手当から成り立っていることが多くありますが、基本給と各種手当の両方を減らすこともあれば、基本給のみを減らすこともあります。会社ごとの計算方法は通常、就業規則（給与規程や育児・介護休業規程等）で確認できます。

3 育児時短就業給付金（2025年4月1日から）

　2025年4月1日以降、2歳未満の子どもを養育している従業員が、育児短時間勤務制度を利用し、育児短時間勤務の前より給与が減るときには、雇用保険から**育児時短就業給付金**が支給されることになっています。制度の概要は、7-1の解説を確認してください。

4 賞与や退職金にも影響する可能性も

　育児短時間勤務制度を利用しているときは、給与だけでなく、賞与の額も働かないこととなった時間分について減ったり、将来の退職金の額の計算にも影響したりすることがあります。給与と同じく、働かないこととなった時間より多くの時間に対する額まで減らすことは違法ですが、制度を利用している期間に対し、本来の所定労働時間を働いたときと同じようにすることまでは求められていません。

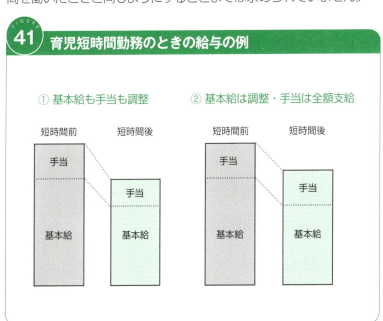

FIGURE 41 育児短時間勤務のときの給与の例

育児をしながらもフルタイムで働きたい (2025年10月1日から)

3歳以上小学校入学前の子どもを養育する従業員が柔軟に働くことができるように、会社が育児短時間勤務制度や時差勤務制度などを導入し、従業員が利用できるようになります。

1　3歳から小学校入学前までの柔軟な制度

3歳未満の子どもを養育しながら働くときは、6-2で解説した育児短時間勤務制度があるため、比較的、仕事と育児の両立について育児の時間を確保する選択ができますが、3歳以上の子どもを養育しながら仕事と育児の両立をすることは、なかなか難しいこともあります。

そのため2025年10月1日から、3歳以上から小学校に入学する前の子どもを養育する従業員が、柔軟に働くことができるようになるための制度が設けられます。

2　柔軟な働き方の選択の制度

2025年10月1日から設けられる柔軟な働き方の制度とは、会社が以下の5つの中から2つ以上を選び、その中から従業員が1つを選択して利用できるというものです。

①始業時刻等の変更
②テレワーク等
③保育施設の設置運営等
④新たな休暇の付与
⑤短時間勤務制度

これらのうち、①から④は、従業員がいわゆるフルタイムでの勤務で、柔軟な働き方を選択できるように設けられた選択肢です。

　いずれの制度を導入するかは、会社の判断になるため、従業員が5つの選択肢から自由に選択できるわけではありません。2025年10月1日から新しく設けられる制度のため、制度の利用を考えるときは、今後の会社の対応について確認してください。

FIGURE 42　柔軟な働き方を支援する5つの選択肢

①始業時刻等の変更
②テレワーク等
③新たな休暇の付与
④保育施設の設置運営等
⑤短時間勤務制度

会社が2つ以上を選択
↓
従業員が1つを利用

子どものケガや病気の看病のために休みをとりたい

子どものケガや病気で看病が必要になったり、予防接種や健康診断を受けさせたりすることで休みが必要なときは、子の看護休暇を取ることができます。

1 子の看護休暇

仕事と育児を両立する上では、子どもの突発的な体調不良に伴う看病等、親として優先すべきことが多く発生します。また、法定で決められた予防接種も適切な時期に子どもに接種させることが求められます。

このように、ケガをし、病気にかかった子どもの世話をしたり、子どもに予防接種や健康診断を受けさせたりするときには、年次有給休暇（有休）とは別に**子の看護休暇**を取ることができます。

2 子の看護休暇の日数

子の看護休暇として取ることのできる日数は、対象となる小学校入学前の子どもが1人のときは1年に5日、2人以上のときは1年に10日です。対象となる子どもが2人以上いるときは、それぞれの子どもに5日ずつ取ることもできれば、1人の子どもに10日取ることもできます。

3 子の看護休暇と有休の違い

有休は、休暇を取る目的が限定されません。有休を取ったときには通常働いたときと同じ給与が支払われる（月給として給与が支払われるときには、一般的に給与が減らない）休暇です。

子の看護休暇は、有休とは別の制度であり、利用目的が限定されているほか、休んだ日に、会社は給与を支払う義務がありません（無給）。有給としている会社も一部あるため、給与の取扱いについては就業規則（育児・介護休業規程等）を確認するとよいでしょう。

　なお、子の看護休暇と有休の違いは図表43のようにまとめられます。

有休と子の看護休暇の主な違い

	有休（年次有給休暇）	子の看護休暇
取得可能となる時期	入社6ヶ月以後	入社してすぐ（労使協定締結の場合、入社6ヶ月以後※）
利用目的	特に限定なし	小学校入学前の子どものケガ・病気・予防接種・健康診断※
給与の支払い	有給	無給
取得単位	1日単位（会社によっては半日・時間単位あり）	時間単位・1日単位
取得できる日数	勤続年数に伴い増加（20日／年が上限）	対象となる子どもが1人のときに5日／年、2人以上のときに10日／年
時効	次の年に繰り越し可能（付与から2年）	付与から1年

※今後、法改正により変更になります。

CHAPTER 6

6 子どもの病気の看病に有休は使えるの？

年次有給休暇は従業員が自由に使うことのできる休暇のため、子どもの病気の看病にも使うことができます。

1 有休と子の看護休暇

　年次有給休暇（有休）は、法令で休んでも給与が支払われる休暇として保障されているものです。一方の子の看護休暇は、休む権利としては保障されているものの、会社に給与を支払う義務はありません。

　「休むことができても給与が支払われないならば、意味がない」と感じる人もいるかもしれませんが、どのような理由であっても、従業員が雇用契約で決められた働くこととなっている日に働かないというのであれば、雇用契約の違反になります。そのような中、有休も子の看護休暇も、働くこととなっている日に働かないことが認められるものです。

　育児が理由であっても、仮に有休も子の看護休暇も使わずに、遅刻や早退、欠勤を繰り返せば、会社は無給とするだけでなく、雇用契約の違反ということで、賞与の評価を下げたり、懲戒処分をしたりすることもあります。極端な表現をしましたが、有休や子の看護休暇を取るときには、このようないわゆる「不利益な取扱い」は禁止されています。なお、子の看護休暇を取ることで、働かないこととなる時間に対する給与を支払わないことは不利益な取扱いには当たりません。

2 子どもの病気に有休を使うこと

　有休を取る目的は限定されていないため、子どもが病気になり、看病が必要なときに取ることもできます。また、従業員本人が病気になったときも取ることができます。

　子の看護休暇は取る目的が限定されているため、子どもが病気になり、看病が必要になったときは取れますが、従業員本人が病気になったときに取れません。このように取れる場面が違うため、有休が取れる日数も踏まえ、どちらを取るのかは慎重に検討しましょう。

　子の看護休暇を取ったときには、証明となる書類の提出を求められたり、子どもの状況について尋ねられたりすることもありますが、有休は取る目的が限定されていないため、子の看護休暇のような対応を、会社から求められるようなことはありません。ただし、突発的に有休を取ることになった場合には、その理由について確認されることもあります。

年次有給休暇と子の看護休暇の違い

○：取れる　×：取れない

	年次有給休暇	子の看護休暇
子どもの病気の看病等	○	○
従業員本人の病気	○	×

子どもの発熱で急きょ休みたい

子の看護休暇は、休暇の性質上、当日に従業員から取りたいと申出があったときにも、会社は取ることを認めなければなりません。

1 子の看護休暇の取得申出

　子の看護休暇は、ケガをし、病気にかかった子どもの世話をすることが目的の1つとして想定されています。そのため、当日の申し出であっても、従業員は取ることができます（会社が認めないとすることはできません）。

　また、原則として時間単位（1時間単位）での取得もできるため、例えば、子どもを預けている保育園から会社に、子どものお迎えを要請する電話がかかってきたような場合でも、会社にそれ以降の時間について取ることの申し出ができます。

　申出の方法は、会社の就業規則（育児・介護休業規程等）で決められています。後日、子どもがケガをし、病気にかかったことがわかる医療機関等の領収書等の証明書の提出が求められることもあるため、このような証明書の提出が必要であるかも事前に確認しておくとよいでしょう。

　なお、会社が証明となるものを従業員に求めること自体は問題ありませんが、提出しなければ子の看護休暇を取ることを認めないとするのは、会社の不適切な対応になります。

2 時間単位での取得

子の看護休暇は時間単位での取得が認められています。この時間単位の取得とは、始業時刻から連続して、または、終業時刻まで連続して取ることが認められているものです。つまり、労働時間の途中で中抜けするような取り方は認められていません（図表45参照）。なお、一部の会社では、子の看護休暇を取りやすくするために、中抜けを認めていることもあります。

3 子の看護休暇を取るときに気にしたいこと

子の看護休暇は、目的に沿った利用であれば、取る権利のある休暇です。どうしても突発的に取ることが多くなりがちなため、上司や周囲の同僚に業務の負担がかかることもあります。取るときには感謝の気持ちを持ちながら利用したいものです。

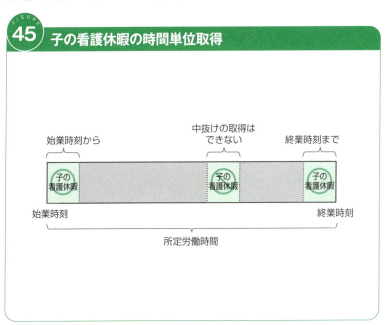

FIGURE 45 子の看護休暇の時間単位取得

小学校の入学式に参加するために休みたい（2025年4月1日から）

子の看護休暇の制度は、2025年4月1日に大きく変更され、子どもの小学校の入学式等の行事参加にも取れることになります。

1 子どもの行事参加のために取れるように変更［法改正］

　子の看護休暇は、2025年3月31日までは、小学校入学前の子どものケガや病気、予防接種や健康診断に利用できる休暇となっていますが、2025年4月1日より、小学校3年生が修了するまでの子どもに対し、取ることができるようになり、感染症に伴う学級閉鎖や、入園式・入学式・卒園式といった子どもの行事に参加するためにも取ることができるようになります。制度の基本的な主旨は変わらないため、無給であることも変わりありません。

　なお、休暇の名称も「子の看護休暇」から「**子の看護等休暇**」に変わります。本書では、統一感を持たせるために「子の看護休暇」と表記しています。

　執筆時点（2024年7月30日現在）では、子どもの行事として取ることができる範囲などの詳細な情報は公表されていないため、今後の情報を確認する必要があります。

2 入社してすぐに取ることができるように変更［法改正］

2025年3月31日までは、会社と従業員の代表とで結ぶ労使協定により、入社6ヶ月未満の従業員は子の看護休暇を取ることができないとされることがあります。この取扱いも変更となり、2025年4月1日からは入社してすぐの従業員も子の看護休暇を取ることができるようになります。

3 子どもの行事参加のときの申出時期

6-7では、子の看護休暇の申出時期について当日の申出であっても取ることができると解説しました。子どもの行事の日程はあらかじめ決まっていることから、事前の申出となることも考えられます。2025年4月以降は申出時期の確認も必要になります。

子の看護休暇の主な変更点

	改正前	改正後
名称	子の看護休暇	子の看護等休暇
子どもの範囲	小学校入学前まで	小学校3年生修了まで
取得事由	・病気やけが ・予防接種や健康診断	以下の事由が追加 ・感染症に伴う学級閉鎖等 ・入園式や入学式、卒園式

子どもの保育園の送迎などのために残業するのは難しい

3歳未満の子どもを養育する従業員が、残業ができないときは、所定外労働の制限（残業の免除）の制度が利用できます。

1 残業や休日出勤の指示

大多数の会社では、**36協定**（120ページコラム参照）を締結すること等により、残業や、休日の労働（休日出勤）を指示できるようにしています。このような残業や休日出勤は、子育て中の従業員にも指示することが認められおり、従業員は原則としてその指示に従う必要があります。

2 残業免除の制度

仕事と育児の両立をする上では、残業や休日出勤が難しいことも多くあるかと思われます。そのため、仕事と育児の両立を支援する制度の1つとして、3歳未満の子どもを養育する従業員は、**所定外労働の制限（残業免除）**の制度を利用することができます。

残業免除の制度とは、原則として、会社と従業員の雇用契約で決められた所定労働時間を超える労働を、会社は指示しないというものです。

指示されない時間は、「所定労働時間」を超えるものなので、フルタイムで復帰したのであれば、そのフルタイムを超えるような時間、6-2で解説した短時間勤務制度を利用している期間であれば、短時間として勤務することとなった時間を所定労働時間とし、それを超える時間が対象になります。

3 残業免除の制度の手続き

残業免除の制度は、1日単位ではなく、1ヶ月以上の期間を決めて、事前に会社に申し出ることになります。細かなルールは、会社の就業規則（育児・介護休業規程等）で決められています。制度を利用するのであれば、ルールを確認し、申し出ることが必要です。

また、会社が業務を運営していく中で、やむを得ないような事情があるときは、残業免除の制度の申し出をしていても、残業や休日出勤の指示を受けることがあります。「やむを得ないような事情」はかなり厳しく判断されます。

4 残業や休日出勤の考え方

本来、残業免除の制度の申出をすると、残業や休日出勤はしないことになりますが、会社からの依頼があり、従業員ができる状況であれば、残業や休日出勤を指示することも認められています。

ただし、日常的に残業や休日出勤に対応していると、上司や周囲の同僚は、感謝しつつも申出をしている目的が理解できなくなります。また、申出はしているものの、残業や休日出勤ができると思われることもあります。制度を利用するのであれば、残業や休日出勤は原則行わず、依頼や打診があったときも最小限に留めることも考えた方がよいです。

5 対象となる子どもの範囲の拡大 ［法改正］

残業免除の制度は、2025年3月31日までは、3歳未満の子どもを養育する従業員が対象になっていますが、2025年4月1日からは、小学校入学前の子どもを養育する従業員に対象が拡大されます。

47 所定労働時間の制限(残業免除)の事例

会社は残業させることができない

所定労働時間　8時間

会社は残業させることができない

所定労働時間　6時間

残業免除の制度は所定労働時間を超えて働く時間が制限の対象です。

Column

36協定ってなに?

　一般的に「残業する」といいますが、労働基準法では、一部例外はあるものの、労働時間の上限を1日8時間、1週間 40時間としています(法定労働時間)。また、会社は1週間に少なくとも1日の休日を与えなければならないとしています(法定休日)。

　法定労働時間を超えて従業員を働かせたり、法定休日に働かせたりすることは、本来は違法ですが、会社と従業員の代表が協定を結ぶことで、会社はその協定で結んだ時間数や休日日数までは、従業員を働かせることができるようになります。この協定のことを、一般的に「36協定(さぶろくきょうてい)」と呼んでいます(※本コラムでは細かな内容は省略しています)。

多少残業は可能だが長時間の残業は難しい

残業は多少できるものの、長い時間の残業は難しいというときは、残業時間数を1ヶ月24時間、1年150時間までとする時間外労働の制限（残業の制限）の制度が利用できます。

1 残業や休日出勤の時間数

36協定では、1日・1ヶ月・1年間の残業時間数や休日労働の日数の上限を決めています。36協定で定めた時間数の上限を超えるような残業の指示は違法となります。反対に、36協定で決めた時間数の範囲内であれば、会社は従業員に残業を指示することができます。

2 残業制限の制度

仕事と育児の両立をする上では、残業や休日出勤ができるものの、その時間数を一定時間内に抑えておきたいという人もいるかと思います。そのため、仕事と育児の両立を支援する制度の1つとして、小学校入学前までの子どもを養育する従業員は、**時間外労働の制限**（**残業制限**）の制度を利用することができます。

残業制限の制度とは、会社は原則として、残業や休日出勤を指示する時間数の合計を、1ヶ月あたり24時間以内、1年あたり150時間以内の範囲に留めるというものです。

6-9で解説した「残業免除」とは違い、法定労働時間（1日8時間、1週間40時間）、法定休日（1週間に1日）を超える労働をいうため、6-3で解説した短時間勤務制度を利用している期間であっても、法定労働時間・法定休日を超える時間が対象になります。

3 残業制限の制度の手続き

残業制限の制度は、1日単位ではなく、1ヶ月以上の期間を決めて、事前に会社に申し出ることになります。細かなルールは、会社の就業規則（育児・介護休業規程等）で決められています。制度を利用するのであれば、ルールを確認し、申し出ることが必要です。

また、会社が業務を運営していく中で、やむを得ないような事情があるときは、残業免除の制度と同様に、残業制限の制度の申し出をしていても、残業や休日出勤の指示を受けることがあります。

なお、6-9で解説した残業免除と残業制限を同じ期間に申し出るのは矛盾するためできません。

FIGURE 48　残業制限で制限対象となる時間

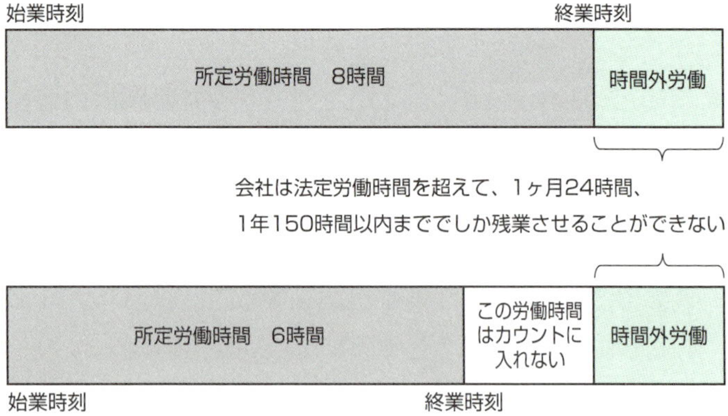

始業時刻／終業時刻

所定労働時間　8時間／時間外労働

会社は法定労働時間を超えて、1ヶ月24時間、
1年150時間以内まででしか残業させることができない

所定労働時間　6時間／この労働時間はカウントに入れない／時間外労働

始業時刻／終業時刻

深夜は子どものそばで面倒を みていたい

小学校入学前までの子どもを養育する従業員は、深夜（22時～翌5時）の勤務をしなくてよいように深夜業の制限の制度が利用できます。

1 深夜業とは

法令では、22時から翌朝5時までを**深夜**としています。会社は、18歳未満の従業員等、一部の従業員について、この深夜の時間帯に働かせることはできませんが、育児中の従業員であっても働かせることができます。

2 深夜業の制限の制度

昼間の時間帯は、子どもを保育園に預けることなどにより、仕事と育児の両立を行うことができたとしても、深夜の時間帯に子どもの世話をお願いできるような場は多くありません。

そのため、小学校入学前の子どもを養育する従業員は、会社に対して深夜の時間帯の労働を指示しないように請求することができます。

残業時間が深夜の時間帯に及ぶときはもちろん、所定労働時間が深夜の時間帯となっているときも、請求することでその深夜の時間帯は勤務しないこととなります。深夜の時間帯に勤務しないときには、その時間に対応する分、昼間の時間帯の勤務に振替となることもあれば、働く時間が短くなることもあります。給与の支払われ方も含め、事前に確認しておくことが重要です。

3 深夜業の制限が請求できないケース

会社に入社して1年未満の人や、深夜の時間帯に16歳以上の同居の家族（その他、一定の条件があります）がいる人、1週間の所定労働日数が2日以下の人は、深夜業の制限を請求できません。このほか、所定労働時間の全部が深夜の時間帯の人（いわば、深夜専門で雇用契約を結んだ人）も請求できません。

また、残業免除の制度や残業制限の制度と同じように、やむを得ない事情があるようなときには、深夜の時間帯に働くことになります。

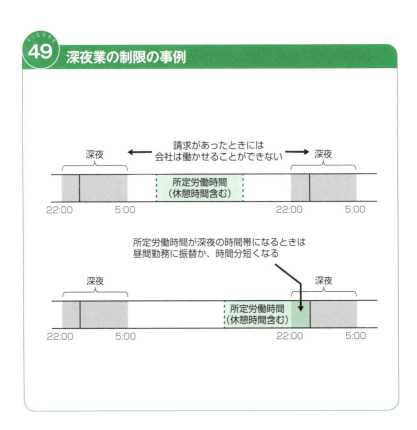

FIGURE 49 深夜業の制限の事例

仕事と育児の両立に関わるお金の制度

　仕事と育児の両立にあたり短時間勤務などをしている場合、気になるのが給与や将来の年金額に関することです。こうしたお金に関する不安への対策として、育児時短就業給付金や年金額計算の特例といった制度の活用が考えられます。本章では、仕事と育児の両立に関わるお金の制度について解説します。

子どもが2歳未満の時短勤務者に支払われるお金とは？（2025年4月1日から）

2歳未満の子どもを養育する従業員が、育児短時間勤務制度を利用することで、給与が減るときは、育児時短就業給付金が支払われます。2025年4月から始まる新しい制度です。

1 育児短時間勤務（育児時短勤務）の制度

6-2で解説したとおり、仕事と育児の両立支援の制度として、3歳未満の子どもを養育する従業員は「育児短時間勤務（育児時短勤務）制度」を利用することができます。多くの会社で、育児時短をするときは、短くなった時間に対する給与を支払わない取扱いをしています。

このような育児時短勤務による収入の減少に対しては、雇用保険から**育児時短就業給付金**が支払わることにより補てんされます。対象は、「2歳未満の子ども」を養育するために、育児時短勤務をする従業員です。2025年4月1日から始まる制度であるため、2025年3月31日までの育児時短勤務の期間には、このような補てんはありません。

2 育児時短就業給付金の対象者

育児時短就業給付金は、雇用保険に加入している従業員（雇用保険の被保険者）を対象として支払われるものです。性別や、育児休業等を取った実績は関係ありませんが、育児時短勤務をする前に一定の期間、雇用保険に加入していること等が求められます。

3 育児時短就業給付金の額

　育児時短就業給付金は、育児時短勤務中に支払われた給与の額の10%を上限として、支払われる額が決まります。支払われる給付金の額を計算するときには、育児時短勤務をする前の一定期間の給与の額と、「育児時短勤務後の給与の額」が比較されます。

　なお、「育児時短勤務後の給与の額」と「給付金の額」の合計額が育児時短勤務前の給与の額を超えないような仕組みです。執筆時点（2024年7月30日現在）では、詳細な内容が公表されていないため、細かな手続きの流れは明らかになっていませんが、原則として会社を通じて申請することで、従業員の銀行口座等に直接振り込まれる流れになると思われます。

FIGURE 50　育児時短就業給付金の給付額イメージ

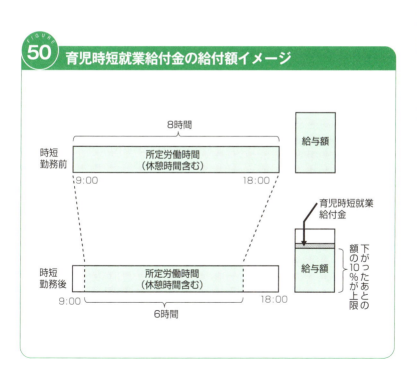

育児のために仕事を減らしたら将来の年金額に影響するの？

3歳未満の子どもを養育する従業員は、将来受け取る年金額が減らないように、年金額計算の特例*の制度が利用できます。

＊「養育特例」と呼ばれることもあります。

1 仕事と育児の両立と将来の年金額の関係

仕事と育児の両立では、働く時間が短くなること等の影響で支払われる給与の額が少なくなることがあります。将来の年金額（厚生年金の額）は、支払われる給与の額で決定される**標準報酬月額**（131ページコラム参照）によって変わるため、仕事と育児の両立に取り組むことで給与額が少なくなると、将来の年金額にも影響（少なくなる）が出ます。

51 年金額計算の特例と保険料の負担

このような影響を防ぐため、3歳未満の子どもを養育する従業員（厚生年金保険の被保険者）が利用できる**年金額計算の特例**の制度があります（養育期間の従前標準報酬月額のみなし措置）。

2 年金額計算の特例の仕組み

年金額計算の特例では、図表52にあるように養育期間中のそれぞれの月の標準報酬月額（養育期間中の標準報酬月額）と、養育を始めた月の前月の標準報酬月額（養育期間前の標準報酬月額）とを比較します。養育期間中の標準報酬月額が、養育期間前の標準報酬月額より低くなったときは、将来受け取ることになる年金額は、養育期間前の標準報酬月額を用いて計算されます。

3 年金額計算の特例の利用方法

特例を利用するときは、特例に該当する従業員が会社に申し出て、会社を通して手続きを行います。会社に申し出た日よりも前に養育期間があるときには、養育期間のうち過去2年間について、さかのぼって特例を利用することができます。

対象になる人で申し出ていないときには、早めに会社に相談するとよいでしょう。なお、退職後に手続きをするときは、会社を通さずに自分で行うことができます。

52 年金額計算の特例のイメージ

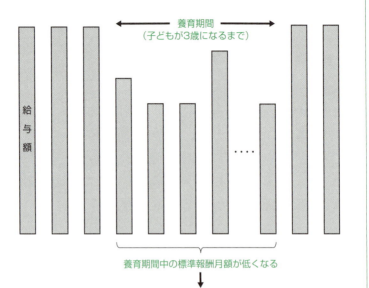

出所：厚生労働省「育児休業、産後パパ育休や介護休業をする方を経済的に支援します」をもとに作成

4 健康保険の給付額の計算

　この特例は、「年金額計算」の特例制度です。特例を利用している間の健康保険料・厚生年金保険料は、養育期間中に支払われる給与の額で決まる標準報酬月額を用いて算出され、天引きされます。

　そのため、養育期間中に傷病手当金や出産手当金（3-1参照）が支払われることになったときには、養育期間中に支払われる給与の額で決まる標準報酬月額で計算されます。

Column
標準報酬月額って？

　健康保険や厚生年金保険の保険料や、健康保険の傷病手当金、出産手当金等の給付額を計算したり、また、将来受け取る年金額を計算したりするときは、支払われた給与の実際の額ではなく、支払われた給与の額をもとにして決められる「標準報酬月額」により計算されることになっています。

　執筆時点（2024年7月30日現在）の標準報酬月額は、健康保険が5万8000円から139万円の50段階、厚生年金保険が8万8000円から65万円の32段階に分かれています。

　例えば、入社するときの給与が、基本給25万円、通勤手当1万5000円（合計26万5000円、残業なしの見込み）の人の場合、健康保険・厚生年金保険ともに26万円の標準報酬月額に該当し、この標準報酬月額で給与から控除（天引き）される保険料の額が決まります。この標準報酬月額は、社会保険に加入するとき（資格取得時）に決まるほか、原則として1年に一度、4月から6月に支払われた給与の額により見直されることになっています（定時決定／算定基礎）。なお、給与に大幅な変動があったときには、一定のルールで標準報酬月額が見直されることになっています（随時改定／月額変更）。

　直近1年間の標準報酬月額は、誕生月に送られてくる「ねんきん定期便」に書かれています。年金額計算の特例の対象となった期間は、養育期間前の標準報酬月額が表示されるため、ねんきん定期便を見ることで将来の年金額の計算に用いられる標準報酬月額がわかります。

　なお、公的年金加入後の標準報酬月額は、ウェブサイト「ねんきんネット」で確認できます。

子育て中に転職したときには年金額計算の特例は使える？

3歳未満の子どもを養育しているときに転職したときは、転職時に手続きをすることで、年金額計算の特例制度が引き続き利用できます。

1 年金額の計算特例の対象となる人

年金額計算の特例の対象者は、「3歳未満の子どもを養育する従業員（厚生年金保険の被保険者）」となっています。性別は関係なく、また、育児休業等を利用していたことや、育児短時間勤務制度をはじめとした仕事と育児の両立支援制度を利用していたことは、条件になっていません。

そのため、例えば、仕事と育児の両立支援制度は利用しないものの、3歳未満の子どもの養育のために残業時間が減ったことにより、残業手当が減り、その結果、標準報酬月額が下がるというときでも対象になります。

2 養育期間の途中での転職

年金額計算の特例の対象となっている人が、特例の対象となっている期間中に転職したときには、転職後の会社で手続きをすることで、年金額計算の特例制度を引き続き利用することができます。転職前も特例を利用していて、転職先でも特例を利用するときには、転職により一旦、特例が終了することから、再度、転職先の会社で手続きをする必要があります。

なお、転職前には特例に当てはまらず、転職後に初めて特例に当てはまるときも特例を利用できます。

さらには、子どもを養育する前に会社を退職し、その後、養育期間になってから就職した場合にも、一定の条件はあるものの、特例の対象になることがあります。子どもが生まれる前後に転職するようなときには、転職後の会社に相談することが考えらえます。

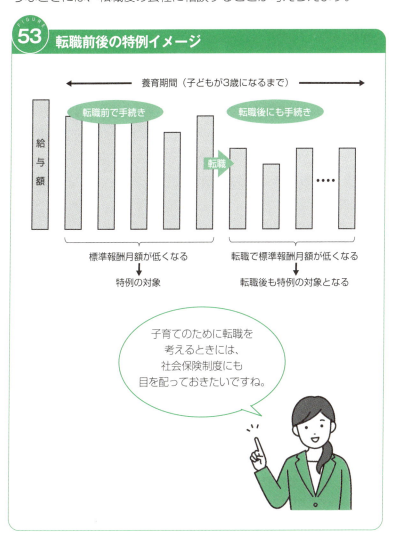

FIGURE 53 転職前後の特例イメージ

年金額計算の特例に必要な書類
（2025年1月1日から）

> 年金額計算の特例を利用するときには、原則として、戸籍謄本や、住民票の写しの原本の提出が必要です。2025年1月からは、会社がその内容を確認することで提出が省略できることになります。

1 2025年1月からは会社確認で省略可能に

　年金額計算の特例に関する手続きは会社を通じて行いますが、その際に、「戸籍謄（抄）本または戸籍記載事項証明書」（従業員と子どもの関係と子どもの生年月日を証明するための書類）と、「住民票の写し」（特例の対象となる日に子どもと同居していることを確認するための書類）を添付する必要があります。この際、マイナンバーを手続きの書類に書くことで、一部、書類の提出が省略できることがあります。

　2025年1月1日からは、会社が従業員と子どもの関係を確認したときには、「戸籍謄（抄）本または戸籍記載事項証明書」の添付が不要になります。同じく、「住民票の写し」の添付も不要となる条件があります（図表54参照）。

2 市区町村によっては手数料が無料

　「戸籍謄（抄）本または戸籍記載事項証明書」や「住民票の写し」は通常、市区町村役場で手数料を支払い、交付を受ける書類です。ただし、年金額計算の特例の申出に利用するときは、市区町村によって無料となることがあります。交付を受けるときには事前に市区町村役場の窓口で確認してもよいでしょう。

なお、年金額計算の特例は**「養育特例」**と表現されることもあります。市区町村役場の窓口では養育特例の表現が通じやすい場合もあり、また手続き書類の利用目的欄が養育特例という表記になっていることもあるようです。

FIGURE 54 年金額計算の特例の申出の際に添付が必要な書類（2024年12月31日まで）

書類	証明内容
①戸籍謄(抄)本 または 戸籍記載事項証明書（原本）	従業員と養育する子どもの身分関係、子どもの生年月日を証明できるもの[※1]
②住民票の写し（原本）	従業員と養育する子どもが同居していることを確認できるもの[※2]

※1 従業員が世帯主の場合は、従業員と子どもの身分関係が確認できる住民票の写しでの代用ができる
※2 従業員と子どものマイナンバーを記載することで添付書類が不要となる（①は必要）

特例は申出が必須です。会社からの案内がないこともあるので、自身でしっかり確認しましょう。

MEMO

CHAPTER 8

ハラスメントなどへの対応

　妊娠・出産・育児に対するハラスメントの防止は会社の義務であり、万が一発生した場合に相談や対応を行うことも義務付けられています。本章ではハラスメントや不利益な取扱いの例や、会社に相談するときのポイント、注意点などを解説します。

妊娠・出産・育児に対するハラスメント

会社は、従業員が妊娠や出産をしたり、育児休業等の制度を利用したりすることに対し、ハラスメントが発生しないように対応することが法律で義務付けられています。

1 ハラスメントへの対応義務

妊娠や出産、子どもを育てることは当然のことです。しかし、一部の職場では、妊娠・出産・育児に関し、上司や同僚による嫌がらせ等が発生している事実があります。女性に対する**マタニティハラスメント（マタハラ）**のほか、男性に対する「**パタニティハラスメント（パタハラ）**」といわれるものです。

法令では、このような妊娠や出産に関するハラスメント、育児休業等の制度の利用に関するハラスメントについて、発生しないように防止することを会社の義務としています。また万が一、ハラスメントが発生したときは、会社として相談に応じることや、適切な対応をするといったことも義務になっています。マタハラやパタハラを受けたと感じるときは、まずは会社に相談するとよいでしょう。

2 相談するときのポイント

ハラスメントと感じることが発生しているときは、まずは上司や総務担当者といった人に相談することが必要です。ハラスメントを受けたときの相談は、いつ、誰に、どこで、どのようなハラスメントをされ、どのような対応をしたのかということが重要になります。ハラスメントだと感じることがあったときには、これらの内容を記録しておくことになります。ハラスメントの言動は悪気なく行われ

ていることもあります。悪気がないからといって許されるものではありませんが、ときにはっきりと「ハラスメントと感じること」を相手に伝えるべき場面が発生するかもしれません。

3 周囲との関係性を意識して

妊娠や出産、仕事と育児の両立については法令で様々な制度が整えられてきました。法令にある制度を、適切に利用することは当然の権利です。

ただし、制度を利用することで、職場の上司や同僚に業務の調整や業務の負担などの影響が少なからず出るかと思います。業務を調整するのは会社が行うべきことですが、制度を利用する人が「制度を利用して当然」というスタンスでいると、周囲との仕事に対する考え方の温度差が人間関係に影響を与えることもあります。子どもが成長したあとも働き続けることを想像し、上司や同僚と良好な関係を築くことを意識するのも重要となるかもしれません。

55 ハラスメントの典型的な例

マタハラ・パタハラの典型的な例には以下のようなものがあります。

- 上司に妊娠を報告したところ「他の人を雇うので早めに辞めてもらうしかない」と言われた。
- 産前休業の取得を上司に相談したところ、「休みを取るなら辞めてもらう」と言われた。
- 育児休業の取得について上司に相談したところ、「男のくせに育児休業をとるなんてあり得ない」と言われ、取得をあきらめざるを得ない状況になっている。
- 上司・同僚から「自分だけ短時間勤務をしているなんて周りを考えていない。迷惑だ」と繰り返しまたは継続的に言われ、働く上で見すごせないほどの支障が出る状況になっている。

CHAPTER 8-2
会社からパート契約に変更するよう言われた

妊娠や出産、仕事と育児の両立に関し、希望しない労働条件の変更が行われるときがあります。そのようなときは会社に相談するとともに、状況によっては労働局の相談窓口の利用等が考えられます。

1 不利益な取扱いとは

会社は、従業員が妊娠や出産をしたり、育児休業を取ったりすることに対し、不利益な取扱いをすることを禁止しています。この「不利益な取扱い」とは、解雇をしたり、有期契約の契約更新をしなかったり、正社員の契約をパートタイマーの契約に変更することを強要したりすること等を指します。このような不利益な取扱いは禁止されています。

2 不利益な取扱いを受けたときの対応

法令や会社の就業規則で定められている制度について、適正な手続きをして利用しているにも関わらず、会社から不利益な取扱いを受けたのであれば、ハラスメントと同様に、まずは会社に相談したいものです。

相談したにも関わらず、会社が対応しないときには、都道府県労働局雇用環境・均等部（室）へ相談することが考えられます。都道府県労働局雇用環境・均等部（室）の連絡先は図表56の通りです。

56 都道府県労働局雇用環境・均等部（室）の連絡先（2024年7月23日時点）

労働局名	電話番号	労働局名	電話番号
北海道	011-709-2715	滋賀	077-523-1190
青森	017-734-4211	京都	075-241-3212
岩手	019-604-3010	大阪	06-6941-8940
宮城	022-299-8844	兵庫	078-367-0820
秋田	018-862-6684	奈良	0742-32-0210
山形	023-624-8228	和歌山	073-488-1170
福島	024-536-2777	鳥取	0857-29-1709
茨城	029-277-8295	島根	0852-31-1161
栃木	028-633-2795	岡山	086-225-2017
群馬	027-896-4739	広島	082-221-9247
埼玉	048-600-6210	山口	083-995-0390
千葉	043-221-2307	徳島	088-652-2718
東京	03-3512-1611	香川	087-811-8924
神奈川	045-211-7357	愛媛	089-935-5222
新潟	025-288-3511	高知	088-885-6041
富山	076-432-2740	福岡	092-411-4894
石川	076-265-4429	佐賀	0952-32-7218
福井	0776-22-3947	長崎	095-801-0050
山梨	055-225-2851	熊本	096-352-3865
長野	026-227-0125	大分	097-532-4025
岐阜	058-245-1550	宮崎	0985-38-8821
静岡	054-252-5310	鹿児島	099-223-8239
愛知	052-857-0312	沖縄	098-868-4403
三重	059-226-2318		

出所：厚生労働省のホームページ
（連絡先は最新の情報を必ずご確認ください）

CHAPTER 8　ハラスメントなどへの対応

MEMO

付録

産前休業・育児休業開始日　早見表

出産（予定）日	産前休業開始日	育休開始日
1月1日	11月21日	2月27日
1月2日	11月22日	2月28日
1月3日	11月23日	3月1日
1月4日	11月24日	3月2日
1月5日	11月25日	3月3日
1月6日	11月26日	3月4日
1月7日	11月27日	3月5日
1月8日	11月28日	3月6日
1月9日	11月29日	3月7日
1月10日	11月30日	3月8日
1月11日	12月1日	3月9日
1月12日	12月2日	3月10日
1月13日	12月3日	3月11日
1月14日	12月4日	3月12日
1月15日	12月5日	3月13日
1月16日	12月6日	3月14日
1月17日	12月7日	3月15日
1月18日	12月8日	3月16日
1月19日	12月9日	3月17日
1月20日	12月10日	3月18日
1月21日	12月11日	3月19日
1月22日	12月12日	3月20日
1月23日	12月13日	3月21日
1月24日	12月14日	3月22日
1月25日	12月15日	3月23日
1月26日	12月16日	3月24日
1月27日	12月17日	3月25日
1月28日	12月18日	3月26日
1月29日	12月19日	3月27日
1月30日	12月20日	3月28日
1月31日	12月21日	3月29日

出産（予定）日	産前休業開始日	育休開始日
2月1日	12月22日	3月30日
2月2日	12月23日	3月31日
2月3日	12月24日	4月1日
2月4日	12月25日	4月2日
2月5日	12月26日	4月3日
2月6日	12月27日	4月4日
2月7日	12月28日	4月5日
2月8日	12月29日	4月6日
2月9日	12月30日	4月7日
2月10日	12月31日	4月8日
2月11日	1月1日	4月9日
2月12日	1月2日	4月10日
2月13日	1月3日	4月11日
2月14日	1月4日	4月12日
2月15日	1月5日	4月13日
2月16日	1月6日	4月14日
2月17日	1月7日	4月15日
2月18日	1月8日	4月16日
2月19日	1月9日	4月17日
2月20日	1月10日	4月18日
2月21日	1月11日	4月19日
2月22日	1月12日	4月20日
2月23日	1月13日	4月21日
2月24日	1月14日	4月22日
2月25日	1月15日	4月23日
2月26日	1月16日	4月24日
2月27日	1月17日	4月25日
2月28日	1月18日	4月26日
2月29日	1月19日	4月26日

出産（予定）日	産前休業開始日	育休開始日
3月1日	1月19日	4月27日
3月2日	1月20日	4月28日
3月3日	1月21日	4月29日
3月4日	1月22日	4月30日
3月5日	1月23日	5月1日
3月6日	1月24日	5月2日
3月7日	1月25日	5月3日
3月8日	1月26日	5月4日
3月9日	1月27日	5月5日
3月10日	1月28日	5月6日
3月11日	1月29日	5月7日
3月12日	1月30日	5月8日
3月13日	1月31日	5月9日
3月14日	2月1日	5月10日
3月15日	2月2日	5月11日
3月16日	2月3日	5月12日
3月17日	2月4日	5月13日
3月18日	2月5日	5月14日
3月19日	2月6日	5月15日
3月20日	2月7日	5月16日
3月21日	2月8日	5月17日
3月22日	2月9日	5月18日
3月23日	2月10日	5月19日
3月24日	2月11日	5月20日
3月25日	2月12日	5月21日
3月26日	2月13日	5月22日
3月27日	2月14日	5月23日
3月28日	2月15日	5月24日
3月29日	2月16日	5月25日
3月30日	2月17日	5月26日
3月31日	2月18日	5月27日

※閏年は1日ずれることに注意してください

□ この期間の産前休業開始日は1日遅らせる　┊ ┊ この期間の育休開始日は1日早める

出産（予定）日	産前休業開始日	育休開始日	出産（予定）日	産前休業開始日	育休開始日	出産（予定）日	産前休業開始日	育休開始日
4月1日	2月19日	5月28日	5月1日	3月21日	6月27日	6月1日	4月21日	7月28日
4月2日	2月20日	5月29日	5月2日	3月22日	6月28日	6月2日	4月22日	7月29日
4月3日	2月21日	5月30日	5月3日	3月23日	6月29日	6月3日	4月23日	7月30日
4月4日	2月22日	5月31日	5月4日	3月24日	6月30日	6月4日	4月24日	7月31日
4月5日	2月23日	6月1日	5月5日	3月25日	7月1日	6月5日	4月25日	8月1日
4月6日	2月24日	6月2日	5月6日	3月26日	7月2日	6月6日	4月26日	8月2日
4月7日	2月25日	6月3日	5月7日	3月27日	7月3日	6月7日	4月27日	8月3日
4月8日	2月26日	6月4日	5月8日	3月28日	7月4日	6月8日	4月28日	8月4日
4月9日	2月27日	6月5日	5月9日	3月29日	7月5日	6月9日	4月29日	8月5日
4月10日	2月28日	6月6日	5月10日	3月30日	7月6日	6月10日	4月30日	8月6日
4月11日	3月1日	6月7日	5月11日	3月31日	7月7日	6月11日	5月1日	8月7日
4月12日	3月2日	6月8日	5月12日	4月1日	7月8日	6月12日	5月2日	8月8日
4月13日	3月3日	6月9日	5月13日	4月2日	7月9日	6月13日	5月3日	8月9日
4月14日	3月4日	6月10日	5月14日	4月3日	7月10日	6月14日	5月4日	8月10日
4月15日	3月5日	6月11日	5月15日	4月4日	7月11日	6月15日	5月5日	8月11日
4月16日	3月6日	6月12日	5月16日	4月5日	7月12日	6月16日	5月6日	8月12日
4月17日	3月7日	6月13日	5月17日	4月6日	7月13日	6月17日	5月7日	8月13日
4月18日	3月8日	6月14日	5月18日	4月7日	7月14日	6月18日	5月8日	8月14日
4月19日	3月9日	6月15日	5月19日	4月8日	7月15日	6月19日	5月9日	8月15日
4月20日	3月10日	6月16日	5月20日	4月9日	7月16日	6月20日	5月10日	8月16日
4月21日	3月11日	6月17日	5月21日	4月10日	7月17日	6月21日	5月11日	8月17日
4月22日	3月12日	6月18日	5月22日	4月11日	7月18日	6月22日	5月12日	8月18日
4月23日	3月13日	6月19日	5月23日	4月12日	7月19日	6月23日	5月13日	8月19日
4月24日	3月14日	6月20日	5月24日	4月13日	7月20日	6月24日	5月14日	8月20日
4月25日	3月15日	6月21日	5月25日	4月14日	7月21日	6月25日	5月15日	8月21日
4月26日	3月16日	6月22日	5月26日	4月15日	7月22日	6月26日	5月16日	8月22日
4月27日	3月17日	6月23日	5月27日	4月16日	7月23日	6月27日	5月17日	8月23日
4月28日	3月18日	6月24日	5月28日	4月17日	7月24日	6月28日	5月18日	8月24日
4月29日	3月19日	6月25日	5月29日	4月18日	7月25日	6月29日	5月19日	8月25日
4月30日	3月20日	6月26日	5月30日	4月19日	7月26日	6月30日	5月20日	8月26日
			5月31日	4月20日	7月27日			

付録

145

出産 (予定)日	産前休業 開始日	育休 開始日	出産 (予定)日	産前休業 開始日	育休 開始日	出産 (予定)日	産前休業 開始日	育休 開始日
7月1日	5月21日	8月27日	8月1日	6月21日	9月27日	9月1日	7月22日	10月28日
7月2日	5月22日	8月28日	8月2日	6月22日	9月28日	9月2日	7月23日	10月29日
7月3日	5月23日	8月29日	8月3日	6月23日	9月29日	9月3日	7月24日	10月30日
7月4日	5月24日	8月30日	8月4日	6月24日	9月30日	9月4日	7月25日	10月31日
7月5日	5月25日	8月31日	8月5日	6月25日	10月1日	9月5日	7月26日	11月1日
7月6日	5月26日	9月1日	8月6日	6月26日	10月2日	9月6日	7月27日	11月2日
7月7日	5月27日	9月2日	8月7日	6月27日	10月3日	9月7日	7月28日	11月3日
7月8日	5月28日	9月3日	8月8日	6月28日	10月4日	9月8日	7月29日	11月4日
7月9日	5月29日	9月4日	8月9日	6月29日	10月5日	9月9日	7月30日	11月5日
7月10日	5月30日	9月5日	8月10日	6月30日	10月6日	9月10日	7月31日	11月6日
7月11日	5月31日	9月6日	8月11日	7月1日	10月7日	9月11日	8月1日	11月7日
7月12日	6月1日	9月7日	8月12日	7月2日	10月8日	9月12日	8月2日	11月8日
7月13日	6月2日	9月8日	8月13日	7月3日	10月9日	9月13日	8月3日	11月9日
7月14日	6月3日	9月9日	8月14日	7月4日	10月10日	9月14日	8月4日	11月10日
7月15日	6月4日	9月10日	8月15日	7月5日	10月11日	9月15日	8月5日	11月11日
7月16日	6月5日	9月11日	8月16日	7月6日	10月12日	9月16日	8月6日	11月12日
7月17日	6月6日	9月12日	8月17日	7月7日	10月13日	9月17日	8月7日	11月13日
7月18日	6月7日	9月13日	8月18日	7月8日	10月14日	9月18日	8月8日	11月14日
7月19日	6月8日	9月14日	8月19日	7月9日	10月15日	9月19日	8月9日	11月15日
7月20日	6月9日	9月15日	8月20日	7月10日	10月16日	9月20日	8月10日	11月16日
7月21日	6月10日	9月16日	8月21日	7月11日	10月17日	9月21日	8月11日	11月17日
7月22日	6月11日	9月17日	8月22日	7月12日	10月18日	9月22日	8月12日	11月18日
7月23日	6月12日	9月18日	8月23日	7月13日	10月19日	9月23日	8月13日	11月19日
7月24日	6月13日	9月19日	8月24日	7月14日	10月20日	9月24日	8月14日	11月20日
7月25日	6月14日	9月20日	8月25日	7月15日	10月21日	9月25日	8月15日	11月21日
7月26日	6月15日	9月21日	8月26日	7月16日	10月22日	9月26日	8月16日	11月22日
7月27日	6月16日	9月22日	8月27日	7月17日	10月23日	9月27日	8月17日	11月23日
7月28日	6月17日	9月23日	8月28日	7月18日	10月24日	9月28日	8月18日	11月24日
7月29日	6月18日	9月24日	8月29日	7月19日	10月25日	9月29日	8月19日	11月25日
7月30日	6月19日	9月25日	8月30日	7月20日	10月26日	9月30日	8月20日	11月26日
7月31日	6月20日	9月26日	8月31日	7月21日	10月27日			

出産 (予定)日	産前休業 開始日	育休 開始日	出産 (予定)日	産前休業 開始日	育休 開始日	出産 (予定)日	産前休業 開始日	育休 開始日
10月1日	8月21日	11月27日	11月1日	9月21日	12月28日	12月1日	10月21日	1月27日
10月2日	8月22日	11月28日	11月2日	9月22日	12月29日	12月2日	10月22日	1月28日
10月3日	8月23日	11月29日	11月3日	9月23日	12月30日	12月3日	10月23日	1月29日
10月4日	8月24日	11月30日	11月4日	9月24日	12月31日	12月4日	10月24日	1月30日
10月5日	8月25日	12月1日	11月5日	9月25日	1月1日	12月5日	10月25日	1月31日
10月6日	8月26日	12月2日	11月6日	9月26日	1月2日	12月6日	10月26日	2月1日
10月7日	8月27日	12月3日	11月7日	9月27日	1月3日	12月7日	10月27日	2月2日
10月8日	8月28日	12月4日	11月8日	9月28日	1月4日	12月8日	10月28日	2月3日
10月9日	8月29日	12月5日	11月9日	9月29日	1月5日	12月9日	10月29日	2月4日
10月10日	8月30日	12月6日	11月10日	9月30日	1月6日	12月10日	10月30日	2月5日
10月11日	8月31日	12月7日	11月11日	10月1日	1月7日	12月11日	10月31日	2月6日
10月12日	9月1日	12月8日	11月12日	10月2日	1月8日	12月12日	11月1日	2月7日
10月13日	9月2日	12月9日	11月13日	10月3日	1月9日	12月13日	11月2日	2月8日
10月14日	9月3日	12月10日	11月14日	10月4日	1月10日	12月14日	11月3日	2月9日
10月15日	9月4日	12月11日	11月15日	10月5日	1月11日	12月15日	11月4日	2月10日
10月16日	9月5日	12月12日	11月16日	10月6日	1月12日	12月16日	11月5日	2月11日
10月17日	9月6日	12月13日	11月17日	10月7日	1月13日	12月17日	11月6日	2月12日
10月18日	9月7日	12月14日	11月18日	10月8日	1月14日	12月18日	11月7日	2月13日
10月19日	9月8日	12月15日	11月19日	10月9日	1月15日	12月19日	11月8日	2月14日
10月20日	9月9日	12月16日	11月20日	10月10日	1月16日	12月20日	11月9日	2月15日
10月21日	9月10日	12月17日	11月21日	10月11日	1月17日	12月21日	11月10日	2月16日
10月22日	9月11日	12月18日	11月22日	10月12日	1月18日	12月22日	11月11日	2月17日
10月23日	9月12日	12月19日	11月23日	10月13日	1月19日	12月23日	11月12日	2月18日
10月24日	9月13日	12月20日	11月24日	10月14日	1月20日	12月24日	11月13日	2月19日
10月25日	9月14日	12月21日	11月25日	10月15日	1月21日	12月25日	11月14日	2月20日
10月26日	9月15日	12月22日	11月26日	10月16日	1月22日	12月26日	11月15日	2月21日
10月27日	9月16日	12月23日	11月27日	10月17日	1月23日	12月27日	11月16日	2月22日
10月28日	9月17日	12月24日	11月28日	10月18日	1月24日	12月28日	11月17日	2月23日
10月29日	9月18日	12月25日	11月29日	10月19日	1月25日	12月29日	11月18日	2月24日
10月30日	9月19日	12月26日	11月30日	10月20日	1月26日	12月30日	11月19日	2月25日
10月31日	9月20日	12月27日				12月31日	11月20日	2月26日

付録

索引

●あ行

育休……………………………………… 10
育児休業………………………………… 10,60
育児休業の延長………………………… 71
育児休業の再延長……………………… 73
育児休業給付…………………………… 80
育児休業給付金………………………… 80
育児時間………………………………… 30
育児短時間勤務………………………… 103
育児短時間勤務制度…………………… 104
育児時短就業給付金…………… 107,126
意向確認………………………………… 68
一時的・臨時的就業…………………… 76
受取代理制度…………………………… 47

●か行

介護保険料……………………………… 50
家族手当………………………………… 54
休日出勤………………………………… 14
休日労働………………………………… 14
軽易な業務……………………………… 12
月額変更………………………………… 90
健康診査………………………………… 16
健康診査・保健指導申請書…………… 17
健康保険証……………………………… 44
健康保険料……………………………… 50
高額療養費……………………………… 45
厚生年金保険料………………………… 50
国民健康保険料………………………… 51
国民年金保険料………………………… 51
戸籍記載事項証明書…………………… 134
戸籍謄(抄)本………………………… 134
子の看護休暇
…………… 103,110,112,114,116
子の看護等休暇………………………… 116

個別周知………………………………… 68
雇用保険料……………………………… 50

●さ行

産科医療補償制度……………………… 44,48
産休……………………………………… 10,26
残業……………………………………… 14
残業制限………………………………… 121
残業免除………………………………… 118
産後休業………………………………… 26
産後パパ育休…………………………… 60
産前産後休業…………………………… 10
産前休業………………………………… 26
産前産後休業…………………………… 26
算定基礎………………………………… 90
時間外労働……………………………… 14
時間外労働の制限……………… 103,121
社会保険料…………… 50,56,86,97,98
住民票の写し…………………………… 134
出産育児一時金………………………… 44
出産手当金……………………………… 34
出産なび………………………………… 49
出生後休業支援給付金………………… 84
出生時育児休業………………………… 60
出生時育児休業給付…………………… 80
賞与……………………………………… 88
所定外労働の制限……………… 103,118
深夜業…………………………………… 14
深夜……………………………………… 123
深夜業の制限…………………………… 103
随時改定………………………………… 90
正常分娩………………………………… 44

●た行

直接支払制度…………………………… 46

通院休暇制度 ………………………………… 18
帝王切開………………………………………… 45
定期的·恒常的就業………………………… 76
定時決定………………………………………… 90

●な行

認可保育所 ……………………………………… 72
妊産婦 …………………………………………… 14
年金額計算の特例………………………… 129

●は行

パタニティハラスメント……………… 138
パタハラ……………………………………… 138
パパ·ママ育休プラス……………………… 64
被扶養者……………………………………… 54
標準報酬月額 …………39,41,128,131
扶養 …………………………………………… 54
変形労働時間制……………………………… 14
保育園 ……………………………… 72,92
保育所入所保留通知書……………………… 93
法定労働時間 ………………………………… 14
保健指導……………………………………… 16
母健連絡カード……………………………… 22
母性健康管理指導事項連絡カード……22

●ま行

マタニティハラスメント……………… 138
マタハラ……………………………………… 138
無認可保育所 …………………………… 72,92

●や・ら行

有休 …………………………………………… 28
養育 …………………………………………… 61
養育特例……………………………………… 135
療養の給付 …………………………………… 44
労働局雇用環境·均等部(室) ………… 140

●数字

36協定……………………… 118,120,121

INDEX

I

索引

●**著者プロフィール**
宮武 貴美（みやたけ・たかみ）
社会保険労務士法人 名南経営 特定社会保険労務士・産業カウンセラー

中小企業から東証プライム上場企業まで幅広い顧客を担当し、実務に即した人事労務管理のアドバイスを行う。インターネット上の情報サイト「労務ドットコム」の管理者であり、人事労務分野での最新情報の収集・発信は日本屈指のレベル。20年超の勤務の中、自身も産休・育休を経て仕事と育児の両立を実践している。著書に『新版 総務担当者のための産休・育休の実務がわかる本』（日本実業出版社）をはじめとして多数。

図解ポケット
産休・育休制度の基本と仕組み

発行日	2024年 9月20日	第1版第1刷
発行日	2025年 2月14日	第1版第3刷

著 者 宮武 貴美

発行者 斉藤 和邦
発行所 株式会社 秀和システム
〒135-0016
東京都江東区東陽2-4-2　新宮ビル2F
Tel 03-6264-3105（販売）Fax 03-6264-3094
印刷所 三松堂印刷株式会社　　　　　Printed in Japan

ISBN978-4-7980-7008-7 C2032

定価はカバーに表示してあります。
乱丁本・落丁本はお取りかえいたします。
本書に関するご質問については、ご質問の内容と住所、氏名、電話番号を明記のうえ、当社編集部宛FAXまたは書面にてお送りください。お電話によるご質問は受け付けておりませんのであらかじめご了承ください。